A

Christopher Morley

EINE BUCHHANDLUNG AUF REISEN

ROMAN

★

Aus dem amerikanischen Englisch
von Felix Horst

ATLANTIK

Die Originalausgabe erschien 1917 unter dem Titel
Parnassus On Wheels im Verlag Doubleday,
Page & Company, Garden City/New York

Die deutsche Erstausgabe in der Übersetzung von Felix Horst erschien
1951 unter dem Titel *Parnass und Pegasus* im Humboldt-Verlag Wien.
Die Übersetzung wurde für die vorliegende Ausgabe überarbeitet.

*Atlantik-Bücher erscheinen im
Hoffmann und Campe Verlag, Hamburg.*

1. Auflage 2015

www.hoca.de   *www.atlantik-verlag.de*
Satz: Pinkuin Satz und Datentechnik, Berlin
Gesetzt aus der Sabon LT
Druck und Bindung: Friedrich Pustet, Regensburg
Printed in Germany
ISBN 978-3-455-60023-0

HOFFMANN
UND CAMPE

Ein Unternehmen der
GANSKE VERLAGSGRUPPE

EINE BUCHHANDLUNG AUF REISEN

Ein Brief an
David Grayson, Esq.
Gempfield, USA.

Sehr geehrter Mr. Grayson,

obwohl mein Name auf der Titelseite dieses Buches steht, ist die eigentliche Verfasserin Miss Helen McGill (die jetzige Mrs. Mifflin), die mir die ganze Geschichte in ihrer unnachahmlich lebhaften Art erzählt hat. Und in ihrem Namen möchte ich Ihnen auch diese wenigen Worte der Anerkennung übermitteln.

Mrs. Mifflin, das brauche ich wohl kaum zu betonen, ist keine routinierte Schriftstellerin. Dies hier ist ihr erstes Buch, und ich zweifle, ob sie jemals ein zweites schreiben wird. Ich glaube, sie weiß auch gar nicht, wie viel diese Geschichte Ihren köstlichen Arbeiten verdankt. Auf ihrem Tisch in der Sabine Farm lag stets ein abgegriffenes Exemplar der »Abenteuer eines Zufriedenen«, und ich habe oft gesehen, wie sie nach einem langen Arbeitstag in der Küche kichernd darin las. Oft sagte sie auch, dass die Geschichte von Ihnen und Harriet sie stets an sie selbst und Andrew erinnere. Sie murmelte dann etwas von »Abenteuer einer Unzufriedenen« und fragte, warum das Ganze nicht auch einmal vom Standpunkt Harriets aus erzählt worden sei. Als nun ihr eigenes Abenteuer begann und sie schließlich gedrängt wurde, es zu Papier zu bringen, nahm sie ganz unbewusst etwas von der Ihnen eigenen Art und Weise zu schreiben an.

Sicherlich werden Sie, verehrter Mr. Grayson, eine so unschuldige Anerkennung Ihrer Arbeit nicht zurückweisen. Auf jeden Fall wird Miss Harriet Grayson, deren ausgezeichnete Eigenschaften wir alle schon so lange bewundern, in Mrs. Mifflin eine verwandte Seele finden.

Mrs. Mifflin hätte Ihnen all das auch selbst in der ihr eigenen klaren und bestimmten Sprache gesagt, wenn sie nicht ganz außer Kontakt mit ihrem Verleger wäre. Sie und der Professor fahren in ihrem Parnassus irgendwo die Landstraße entlang und huldigen dem göttlichsten Zeitvertreib, den ein Mensch haben kann: Sie verkaufen Bücher. Und ich stelle mir vor, dass sie keine anderen Bände mit größerem Vergnügen empfehlen werden als jene erbaulichen, aufmunternden Bücher, die Ihren Namen tragen.

Ich verbleibe, sehr geehrter Mr. Grayson, mit den herzlichsten Grüßen

Ihr getreuer
Christopher Morley.

ERSTES KAPITEL

Ich frage mich, ob in der höheren Bildung nicht auch viel Unsinn steckt. Mir ist noch nie aufgefallen, dass Leute, die über Logarithmen und andere Formen der Dichtkunst Bescheid wissen, deshalb schneller Geschirr abwaschen oder Socken stopfen können. Ich habe, wenn ich Zeit dazu hatte, selber ziemlich viel gelesen und will nichts gegen Leute sagen, die Bücher lieben, aber ich kenne viele Menschen, die einmal tüchtig und praktisch waren, aber durch zu viel feines Druckwerk verdorben worden sind. Wenn ich Sonette lese, bekomme ich auch immer gleich Schluckauf.

Ich, die ich zu meiner Überraschung ein Buch geschrieben habe, wollte niemals Schriftstellerin werden, aber ich glaube, dass die Geschichte von Andrew und mir, und wie Bücher unser behagliches Leben zerstörten, unterhaltsam genug ist, um erzählt zu werden. Als Johannes Gutenberg, dessen wirklicher Name (so sagt der Professor) Johannes Gensfleisch war, sich das Geld ausborgte, um seine Druckerpresse aufzustellen, ahnte niemand, wie viel Unheil er damit über die Welt bringen würde.

Bevor Andrew Schriftsteller wurde, verlebten

wir auf unserer Farm nur glückliche Tage, und ich hätte sein erstes Manuskript bestimmt im Küchenofen verbrannt, wenn ich damals geahnt hätte, was seine Schreiberei für Unannehmlichkeiten mit sich bringen sollte.

Andrew McGill, der Autor jener Bücher, die alle Welt liest, ist mein Bruder. Mit anderen Worten, ich bin seine Schwester – seine um zehn Jahre jüngere Schwester. Vor Jahren war Andrew Geschäftsmann, aber er begann zu kränkeln und floh – wie so viele Leute in Romanen – aufs Land, oder, wie er sagte: »an den Busen der Natur«. Andrew und ich waren die letzten Nachkommen einer ziemlich erfolglosen Familie. Ich war nahe dran, als allzu gewissenhafte Erzieherin im Sandsteinmeer von New York unterzugehen. Er aber rettete mich davor. Wir kauften mit unseren Ersparnissen eine Farm und wurden richtige Bauern. Wir standen mit der Sonne auf und gingen mit ihr zu Bett. Andrew trug Overalls und bunte Flanellhemden und wurde braun und zäh. Meine Hände wurden durch Seifenlauge und Frost rot und blau; jahrelang sah ich nicht einmal die Reklame eines Kosmetiksalons. Meine Küche wurde zu einem Schlachtfeld, auf dem ich mit zusammengebissenen Zähnen die harte Arbeit lieben lernte. Unseren Lesestoff bildeten Regierungsberichte über Ackerbau, Bücher über Naturheilkunde, Broschüren für den Sämann und Preislisten für landwirtschaftliche Geräte. Wir abonnierten die Zeitschrift *Hof und Heim* und lasen einander den Fortsetzungsroman vor. Hie und da, wenn wir etwas wirklich Spannendes wollten, lasen wir auch das Alte Testament, so zum Beispiel das heitere Buch Jeremia, von dem Andrew geradezu begeistert war. Die Arbeit auf der Farm brachte nach einiger Zeit tatsächlich Erfolg. Andrew pflegte sich bei Sonnenuntergang an den Zaun zu lehnen, der die Weide umschloss, und an der Art, wie seine Pfeife brannte, das Wetter für den nächsten Tag abzulesen.

Wir waren also, wie gesagt, sehr glücklich – bis Andrew den unglückseligen Einfall hatte, der Welt zu erzählen, wie glücklich wir waren. Leider muss ich zugeben, dass er schon immer eine Art Büchernarr gewesen war. Auf der Universität hatte er die Studentenzeitung herausgegeben, und wenn ihm jetzt manchmal der *Hof und Heim*-Fortsetzungsroman nicht gefiel, dann holte er die gebundenen Exemplare jenes Blattes und las mir einige seiner Jugendgedichte vor. Dabei brummte er, dass er eines Tages wieder selbst schreiben würde. Mich interessierten brütende Hennen mehr als Sonette, und ich muss gestehen, dass ich diese Drohungen nicht sehr ernst nahm. Dann starb Großonkel Philipp, und wir erbten eine Wagenladung Bücher. Großonkel Philipp war Universitätsprofessor gewesen. Er hatte den kleinen Andrew sehr gern gehabt und ihm später das Studium ermöglicht. Wir waren seine einzigen Verwandten, und so erhielten wir eines schönen Tages seine Bücher. Ich ahnte nicht, dass das der Anfang vom Ende war. Andrew hatte großen Spaß daran, in unserem Wohnzimmer Bücherregale zu bauen; damit jedoch noch nicht zufrieden, verwandelte er anschließend den alten Hühnerstall, wo er einen Ofen aufstellte, in ein Lesezimmer, in dem er abends saß, wenn ich schon schlafen gegangen war. Dann änderte er den Namen unseres Hauses. Er nannte es Sabine Farm (obwohl der Hof seit Jahren als »Sumpfloch« bekannt war), weil er das für »literarisch« hielt. Wenn er nach Redfield hinüberfuhr, um etwas einzukaufen, nahm er jetzt gewöhnlich ein Buch mit. Manchmal kam der Wagen nun zwei Stunden später nach Hause. Andrew hatte unterwegs gelesen und gar nicht bemerkt, dass die alte Mähre einen falschen Weg einschlug.

Ich machte mir aber über all das nicht viel Gedanken, denn ich bin eine gutmütige Frau, und solange Andrew die Farm in Gang hielt, war mir alles recht. Ich hatte ja genug zu tun. Frisches Brot und Kaffee, Eier und Eingemachtes zum Frühstück, Suppe und Braten, Gemüse, Knödel, Sauce, Schwarz- und Weißbrot, Preiselbeerpudding, Schokoladenkuchen und Buttermilch zum Mittagessen, Muffins, Tee, Wurstsemmeln, Brombeeren mit Sahne und Krapfen zum Abendessen … Das ist so ungefähr das Menu, das ich jahrelang täglich zubereitete. Ich hatte gar keine Zeit, mir über Dinge, die mich nichts angingen, den Kopf zu zerbrechen.

Dann erwischte ich Andrew eines Morgens dabei,

wie er ein großes, flaches Paket für den Postboten verschnürte. Er schaute dabei so betreten drein, dass ich ihn einfach fragen musste, was er da fortschicken wollte.

»Ich habe ein Buch geschrieben«, sagte Andrew und hielt mir ein Blatt vor die Augen, auf dem zu lesen war:

DAS WIEDERGEWONNENE PARADIES
von
Andrew McGill

Sogar darüber war ich noch nicht sehr beunruhigt, weil ich davon überzeugt war, dass es niemand drucken würde. Aber – heiliger Himmel! – ungefähr vier Wochen später schrieb ein Verleger, dass er es – annehmen wollte! Hier ist der Brief, den Andrew einrahmen ließ und noch heute über seinem Schreibtisch hängen hat. Nur um zu zeigen, wie so ein Brief lautet, schreibe ich ihn ab:

Verlag Decameron, Jones & Co.
Union Square, New York
13. Januar 1907

Sehr geehrter Mr. McGill!

Mit besonderer Freude haben wir Ihr Manuskript »Das wiedergewonnene Paradies« gelesen. Wir zweifeln nicht daran, dass ein derartig geistreicher Bericht über die Freuden des gesunden Landlebens den Beifall des Publikums finden wird, und würden uns freuen, das Buch – von einigen Änderungen abgesehen –, praktisch so wie es ist, herauszubringen. Wir würden es gerne von Mr. Tortoni, dessen Arbeiten Sie sicher kennen, illustrieren lassen und möchten nun wissen, wann er Sie aufsuchen darf, um sich mit dem Lokalkolorit Ihrer Umgebung vertraut zu machen.

Wir sind bereit, Ihnen 10 % vom Einzelverkaufspreis des Buches zu bezahlen, und fügen für den Fall Ihres Einverständnisses Vertragsformulare in duplo zur Unterschrift bei.

Wir verbleiben, usw. usw.
Decameron, Jones & Co.

Ich habe seither oft gedacht, *Das verlorene Paradies* wäre ein besserer Titel für das Buch gewesen. Es wurde im Herbst des gleichen Jahres veröffentlicht, und seither ist unser Leben nie wieder so gewesen, wie es einmal war. Unglückseligerweise wurde das Buch zum Kassenschlager der Saison. Man besprach es weit und breit als ein »Evangelium des gesunden Lebens«, und Andrew erhielt fast mit jeder Post Angebote von Buch- und Zeitschriftenverlegern, die sein nächstes Buch veröffentlichen wollten. Es ist schier unglaublich, zu welchen Kriegslisten solche

Verleger Zuflucht nehmen, um einen Autor herumzukriegen. Andrew hatte in seinem *Wiedergewonnenen Paradies* von den Landstreichern, die bei uns vorbeikommen, geschrieben. Er erzählte, wie bemitleidenswert manche von ihnen sind (lassen Sie mich hinzufügen: wie schmutzig) und dass wir niemals einen wegjagen, der ein anständiger Kerl zu sein scheint.

Eines Tages im Frühling, nach dem Erscheinen des Buches, tauchte ein übel aussehender Vagabund mit Rucksack bei uns auf, schmierte Andrew wegen seines Buches Honig um den Bart, blieb die Nacht über bei uns und stellte sich – unglaublich, aber wahr – dann beim Frühstück als einer der führenden New Yorker Verleger vor. Er hatte zu dieser List nur gegriffen, um leichter Andrews Bekanntschaft machen zu können.

Sie können sich vorstellen, dass es nicht lange dauerte, bis Andrew vollends verdorben war. Im nächsten Jahr verschwand er plötzlich (für mich ließ er nur eine kurze Nachricht auf dem Küchentisch zurück) und strich sechs Wochen lang durchs Land, um Material für ein neues Buch zu sammeln. Ich hatte die größte Mühe, ihn davon abzuhalten, nach New York zu fahren, um mit Verlegern und ähnlichen Leuten zu reden. Stundenlang beschäftigte er sich mit Zeitungsausschnitten, die ihm geschickt wurden, wenn er eigentlich das Maisfeld hätte pflügen sollen. Glücklicherweise kommt der Briefträger erst am späten Vormittag vorbei. Andrew war um diese Zeit meist schon außer Haus, und so las ich die Briefe gewöhnlich zuerst. Nachdem sein zweites Buch *(Glück und Heu)* erschienen war, wurden die Briefe von den Verlegern so dick, dass ich die meisten sofort in den Ofen steckte. Vorsichtiger ging ich mit den Briefen der Decameron-Jones-Leute um, denn die enthielten manchmal Schecks. Es kamen jetzt auch immer mal Leute von der Zeitung, die Andrew interviewen wollten, aber im Allgemeinen gelang es mir, sie rasch loszuwerden.

Andrew war jedoch weniger und weniger Bauer und wurde mehr und mehr Literat. Er kaufte sich eine Schreibmaschine. Und dann hockte er vor dem Schweinestall und notierte sich Adjektive, um damit die Schilderung eines Sonnenuntergangs auszuschmücken, anstatt die Wetterfahne auf der Scheune zu reparieren, die sich verklemmt hatte, sodass der Nordwind für uns aus Südwest kam. Er warf kaum noch einen Blick in die schönen Preislisten für landwirtschaftliche Geräte, und nachdem uns Mr. Decameron besucht und Andrew vorgeschlagen hatte, einen Band ländlicher Gedichte zu schreiben, war es mit dem Mann überhaupt nicht mehr auszuhalten.

Ich aber zählte Eier, bereitete drei Mahlzeiten täglich und verwaltete die Farm, während Andrew einen literarischen Koller bekam und herumvagabundierte, um Abenteuer für ein neues Buch zu sammeln. (Ich wünschte, Sie hätten gesehen, in welchem Zustand er von diesen Ausflügen zurückkam, nachdem er ohne Geld und mit schmutzigen Socken die Landstraßen entlanggezogen war. Einmal hatte er sich dermaßen verkühlt, dass man ihn noch auf der anderen Seite der Scheune husten hören konnte, und ich musste ihn drei Wochen lang pflegen.) Erst als jemand ein Büchlein über den »Weisen von Redfield« schrieb und mich darin als »bäuerliche Xanthippe« schilderte, »als das häusliche Steuerrad, das den großen Schriftsteller aus dem Himmel seiner Träume ins nüchterne Leben des Alltags lenkt«, beschloss ich, Andrew mit seinen eigenen Waffen zu schlagen. Und hier ist meine Geschichte.

ZWEITES KAPITEL

Es war ein schöner, frischer Herbstmorgen – ich glaube im Oktober –, und ich schälte Äpfel, um Apfelmus zu machen. Zum Essen sollte es Schweinebraten mit gekochten Kartoffeln und – wie Andrew sagte – sepiafarbenem Bratensaft geben. Andrew war in die Stadt gefahren, um Mehl und Futtermittel zu holen, und würde erst gegen Mittag zurückkommen.

Ich weiß noch, dass es ein Montag war, denn wir hatten Waschtag, und Mrs. McNally, die Wäscherin, kam nur montags zu uns. Ich erinnere mich auch, dass ich gerade ein paar Birkenscheite vom Holzstoß holte, als ein Wagen in unseren Hof einfuhr. Es war ein sonderbares Gefährt. Es glich einem Möbelwagen und wurde von dem dicksten Schimmel gezogen, den ich je gesehen hatte. Auf dem Kutschbock saß ein merkwürdig aussehender kleiner Mann. Er beugte sich vor und sagte etwas. Aber ich verstand nicht, was er wollte; gebannt starrte ich seinen lächerlichen Wagen an. Der war im blassen Blau von Wanderdrossel-Eiern gestrichen, und auf der Seite stand in großen scharlachroten Buchstaben:

R. MIFFLINS
REISENDER PARNASSUS

Verkauf guter Bücher von William Shakespeare,
Charles Lamb, Robert Louis Stevenson,
William Hazlitt und allen anderen

Unter dem Wagen hing neben einer Laterne, einem Eimer und anderen Kleinigkeiten etwas, das wie ein Zelt aussah. Im Dach des Wagens war eine Art Fenster, das offen stand, und aus einer Ecke stieg ein Ofenrohr in die Höhe. Auf der Rückseite gelangte man über eine Treppe und durch eine Flügeltür mit kleinen Fenstern ins Innere des Wagens.

Während ich noch über diese seltsame Aufmachung staunte, kletterte der kleine Mann vom Kutschbock herunter und kam auf mich zu. Sein Gesicht war freundlich-drollig und doch voll wettergegerbtem Zynismus. Er hatte einen kleinen rotbraunen Bart und trug einen schäbigen Samtrock. Sein Kopf war sehr kahl.

»Wohnt hier Andrew McGill?«, fragte er.

Ich nickte und erklärte:

»Aber er ist den ganzen Vormittag unterwegs. Zum Mittagessen kommt er bestimmt, schließlich gibt es Schweinebraten.«

»Mit Apfelmus?«, fragte das Männchen.

»Mit Apfelmus und braunem Bratensaft«, sagte ich. »Deshalb bin ich sicher, dass er pünktlich sein wird. Wenn es Schweinebraten gibt, kommt er niemals zu spät. Als Rabbi wäre Andrew absolut ungeeignet.«

Ein plötzlicher Verdacht stieg in mir auf.

»Sie sind doch nicht etwa einer dieser Verleger, oder?«, rief ich. »Was wollen Sie denn von Andrew?«

»Ich wüsste gern, ob er diesen Wagen kaufen will«, erklärte der kleine Mann. Er beschrieb mit seiner Hand einen Kreis um Schimmel und Wagen, löste irgendwo einen Haken und schlug eine Seite des Gefährts wie eine Klappe hoch. Irgendetwas schnappte ein, und die Klappe blieb oben wie ein Dach. Es zeigte sich, dass diese Seite des Wagens nichts anderes als ein großer Bücherschrank war.

Regale türmten sich in die Höhe und waren mit Büchern angefüllt – mit neuen wie mit alten. Während ich staunend diesen Bücherladen betrachtete, zog das Männchen von irgendwo eine gedruckte Karte heraus und überreichte sie mir:

ROGER MIFFLINS
REISENDER PARNASSUS

Werte Freunde! Dieser Wagen
bringet Bücher, die euch sagen
und erklär'n, was Ihr nicht wisst,
was Ihr aber wissen müsst.
Wühlt nur in dem Bücherpack,
wählet dann ganz nach Geschmack:

Prosa, schwer, doch nicht zu schwierig,
leichtre Kost und goldne Lyrik,
Kochbuch, Rätselheft und Bibel,
Lehrbuch oder Gartenfibel …
Keiner braucht sich abzuwenden
und zu geh'n mit leeren Händen.
Hier gibt's was für jeden Kasus:

MIFFLINS REISENDER PARNASSUS.

R. Mifflin, Buchhändler
Stern-Lohndruck, Celeryville, Va.

Während ich noch darüber lachte, hob er auch auf der anderen Seite eine Klappe hoch, und nun boten sich meinen Augen auch hier mit Büchern beladene Regale.

Ich fürchte, ich bin eine sehr prosaische Natur.

»Na«, sagte ich, »Ihr Gaul muss aber sehr kräftig sein, um diese Ladung ziehen zu können! Die muss ja mehr wiegen als eine Fuhre Kohlen!«

»Peg schafft das schon«, antwortete er. »Wir fahren nicht sehr schnell. Aber wissen Sie, ich möchte das alles verkaufen. Meinen Sie, Ihr Mann kauft das Ding? Ich meine den Parnassus samt Pegasus und mit allem Drum und Dran. Er hat Bücher doch gern, nicht?«

»Einen Augenblick!«, rief ich. »Erstens ist Andrew mein Bruder und nicht mein Mann, und außerdem hat er Bücher viel zu gern. Sie werden der Ruin dieser Farm sein. Andrew hockt schon jetzt viel zu oft wie eine brütende Henne über seinen Büchern, wenn er doch eigentlich Zaumzeug flicken sollte. Du lieber Gott, wenn er Ihre Wagenladung zu Gesicht bekäme, wäre er eine Woche lang ganz aus dem Häuschen. Ich muss jedes Mal den Briefträger auf der Straße abfangen und alle Verlagskataloge aus der Post heraussuchen, damit Andrew sie nicht sieht. Glauben Sie mir, ich bin wirklich froh, dass er jetzt gerade nicht zu Hause ist.«

Ich verstehe, wie gesagt, nicht viel von Literatur, aber wie wohl jedermann weiß ich ein gutes Buch zu schätzen, und so betrachtete ich, während ich sprach, die gefüllten Regale. Sie enthielten wirklich eine große Auswahl. Ich sah Gedichtbände, Erzählungen, Jugendbücher, Romane, Kochbücher, Bibeln, Schulfibeln – alles bunt durcheinander gewürfelt.

»Nun gut, hören Sie mir zu«, sagte der kleine Mann – und dabei bemerkte ich, dass er die hellen Augen eines Fanatikers hatte. »Sieben Jahre lang bin ich nun mit meinem Parnassus herumgekreuzt. Ich habe das Gebiet von Florida bis Maine abgeklappert und eine ganze Menge guter Bücher unter die Leute gebracht. Jetzt aber will ich einen Ausverkauf machen. Ich werde ein Buch über Literatur unter Farmern schreiben und will mich deshalb bei meinem Bruder in Brooklyn niederlassen – mit einem Koffer voller Notizen. Ich werde also warten, bis

Mr. McGill nach Hause kommt. Dann wird sich ja zeigen, ob er mir nicht alles abnimmt. Ich würde den ganzen Klimbim, Pferd, Wagen und Bücher für 400 Dollar verkaufen. Ich habe Andrew McGills Sachen gelesen, und ich rechne damit, dass ihn mein Vorschlag interessieren wird. Mir hat dieser Parnass mehr Spaß als eine Horde Affen gemacht. Früher einmal war ich Schullehrer. Aber der Arzt hat mir Landluft empfohlen, und da habe ich mich umgestellt. Es hat sich gelohnt. Es war die schönste Zeit meines Lebens.«

»Also, Mr. Mifflin«, antwortete ich, »wenn Sie durchaus hier bleiben wollen, kann ich Sie nicht davon abhalten. Aber es tut mir leid, dass Sie mit ihrem alten Parnassus hier vorbeigekommen sind.«

Ich machte kehrt und ging in die Küche zurück. Ich wusste ganz genau, dass Andrew beim Anblick dieser Unmenge an Büchern und jener verrückten Karte, die Mr. Mifflins Dichtkunst offenbarte, vor Freude in die Luft springen würde.

Ich muss gestehen, dass ich sehr beunruhigt war. Andrew ist so unpraktisch und versponnen wie ein Backfisch. Er träumt immerzu von neuen Abenteuern und Streifzügen durchs Land. Wenn er diesen Parnassus auf Rädern sehen würde, er wäre ihm mir nichts, dir nichts verfallen. Obendrein wusste ich, dass Mr. Decameron wegen eines neuen Buches hinter Andrew her war. (Ich hatte erst vor ein paar Wochen einen seiner Briefe, in dem er eine neue

»Glück- und Heu-Fahrt« vorschlug, heimlich verbrannt. Als ob Andrew nicht genug zu tun gehabt hätte! Sollte er wieder umherwalzen wie ein Kesselflicker, nur um ein Buch darüber zu schreiben?)

Inzwischen ließ sich Mr. Mifflin im Hof häuslich nieder. (Ich konnte ihn vom Küchenfenster aus beobachten.) Er spannte sein Pferd aus, band es an den Zaun, setzte sich neben den Holzstoß und zündete sich eine Pfeife an. Jetzt saß ich in der Tinte. Was sollte ich tun? Ich ging hinaus, um mit dem kahlköpfigen Hausierer zu reden.

»Hören Sie«, sagte ich. »Sie müssen aber ein ziemlich dickes Fell haben, dass Sie es sich in meinem Hof so gemütlich machen. Ich habe Ihnen doch gesagt, dass ich Sie und Ihre komische Bücherlotterie hier nicht brauchen kann. Ich rate Ihnen, zu verschwinden, bevor mein Bruder zurückkommt. Zerstören Sie nicht unser glückliches Familienleben.«

»Miss McGill«, antwortete er (verflixt noch einmal, er war eigentlich ein netter Kerl – mit seinen hellen, zwinkernden Augen und seinem blöden, kleinen Bärtchen), »ich will bestimmt nicht unhöflich sein. Wenn Sie mich hier nicht wollen, werde ich natürlich gehen. Dann werde ich auf der Straße auf Mr. McGill warten. Ich will diese Kulturkutsche nun einmal loswerden, und, bei Swinburnes Gebeinen, ich glaube, Ihr Bruder ist der Mann, der sie mir abkaufen wird.«

Ich war wütend, und so kam es, dass ich das Folgende sagte, ohne vorher darüber nachzudenken:

»Bevor ich Andrew Ihren alten Karren kaufen lasse, kaufe ich ihn selbst. Ich gebe Ihnen 300 Dollar dafür.«

Das Gesicht des kleinen Mannes hellte sich auf. Er nahm mein Angebot weder an, noch schlug er es aus. (Dabei zitterte ich schon, dass er mich beim Wort nehmen würde – denn ich setzte alles aufs Spiel, was ich in drei Jahren für einen Ford gespart hatte.)

»Kommen Sie und schauen Sie sich den Wagen noch einmal an«, meinte er.

Ich muss zugeben, dass Mr. Roger Mifflin sein Gefährt, das wie ein Möbelwagen aussah, innen sehr bequem eingerichtet hatte. Der Wagenkörper war zu beiden Seiten über die Räder hinaus gebaut, wodurch das Gefährt zwar ein schwerfälliges Aussehen erhielt, aber zusätzlicher Raum für die Bücherregale geschaffen war. Der freibleibende Innenraum war ungefähr eineinhalb Meter breit und zweieinhalb Meter lang. Auf der einen Seite befanden sich ein kleiner Petroleumherd, ein Klapptisch und eine gemütliche Schlafstelle, über der eine Art Kommode für Kleider und Ähnliches hing. Auf der anderen Seite sah ich weitere Bücherregale, ein Tischchen und einen kleinen Korbsessel. Jeder Zoll an Raum schien irgendwie ausgenützt zu sein: für ein weiteres Bücherbrett, einen Haken oder einen kleinen Wandschrank. Über dem Herd hing eine

Reihe sauberer Töpfe und Teller und Küchenutensilien. Da das Fenster im Dach des Wagens offen war, konnte man im Mittelgang des Fahrzeuges aufrecht stehen; ein kleines Schiebefenster ließ sich zum Fahrersitz hin öffnen. Im Großen und Ganzen war das also eine feine Sache. An den Fenstern in der Vorder- und Rückwand des Wagens hingen Vorhänge. Auf einem winzigen Brettchen stand sogar ein Topf mit Geranien, und auf der Schlafstelle lag auf einer hellen, mexikanischen Decke ein sandfarbener irischer Terrier.

»Miss McGill«, sagte Mr. Mifflin, »ich kann den Parnassus nicht unter vierhundert verkaufen. Ich habe in all den Jahren mindestens das Doppelte hineingesteckt. Er ist durch und durch sauber und solide gebaut und hat alles, was der Mensch so braucht. Von Wolldecken bis zu Suppenwürfeln. Für 400 Dollar können Sie das alles haben – samt Herd und Hund. Unter dem Wagen hängt in einer Schlinge noch ein Zelt, außerdem ein Eiskasten (er zog eine kleine Falltür unterhalb der Schlafstelle hoch), ein Behälter mit Heizöl und weiß der Himmel was noch alles. Der Wagen ist wirklich so herrlich wie eine Privatjacht, aber ich habe ihn satt. Wenn Sie solche Angst haben, dass Ihr Bruder einen Narren an ihm frisst, dann kaufen Sie ihn doch tatsächlich selber! Gehen *Sie* auf Vergnügungsreise und lassen Sie *Ihren Bruder* zu Hause! Soll *er* sich doch mal um die Farm kümmern! ... Ich sage Ihnen, was ich mache. Ich werde Sie am ersten Tag begleiten und Ihnen zeigen, wie man Bücher verkauft. Sie könnten die schönste Zeit Ihres Lebens in diesem Wagen verbringen! Da würde Ihr Bruder Augen machen! Was also spricht dagegen?«

Ich weiß nicht, wie es kam. Hatte mir der komische kleine Wagen wirklich so gefallen? Imponierte mir der verrückte Vorschlag? Oder war es nur der Wunsch, selbst ein Abenteuer zu erleben und Andrew einen Streich zu spielen? Jedenfalls packte mich die Unternehmungslust.

»Topp!«, sagte ich lachend. »Ich mach's!«

Ich, Helen McGill, in meinem neununddreißigsten Lebensjahr!

DRITTES KAPITEL

»Na«, dachte ich, »wenn ich mich schon auf ein Abenteuer einlasse, dann darf ich nicht lange zögern. Andrew wird um halb eins zu Hause sein, und wenn ich ihm eins auswischen will, muss ich schauen, dass ich loskomme. Er wird glauben, ich bin verrückt geworden, und mir sicher sofort nachjagen. Sei's drum, er darf mich eben nicht erwischen.«

Der Gedanke, dass ich schon fast fünfzehn Jahre auf der Farm lebte – jawohl, seit meinem 26. Lebensjahr – und sie kaum je verlassen hatte, machte mich wütend. Ich bin zwar ein häusliches Wesen und liebe meine Küche, den Vorratsschrank mit dem Eingekochten und meine Wäschetruhe wahrscheinlich ebenso, wie meine Großmutter diese Dinge einst geliebt hat, aber irgendetwas in jener blauen Oktoberluft und an dem verrückten, kleinen rotbärtigen Kerl reizte mich.

»Wissen Sie, Mr. Parnassus«, sagte ich, »wahrscheinlich bin ich eine fette, alte Närrin, aber ich glaube, ich werde es wirklich tun. Spannen Sie das Pferd ein. Ich packe inzwischen ein paar Kleider zusammen und stelle Ihnen einen Scheck aus. Das soll

Andrew eine Lehre sein. Und ich werde endlich einmal Zeit haben, ein paar Bücher zu lesen.« Ich band meine Schürze ab und rannte ins Haus. Der kleine Mann lehnte an seinem Wagen wie betäubt. Und vermutlich war er das auch.

Es kam mir ausgesprochen denkwürdig vor, als ich auf dem Wohnzimmertisch eine von Andrews Zeitschriften sah, auf der in roten Lettern die Worte »Die Revolte der Frauen« prangten. »Jetzt kommt die Revolte der Helen McGill«, dachte ich. Ich setzte mich an Andrews Schreibtisch, schob ein Bündel Notizen zur Seite, die er sich über »Die Magie des Herbstes« gemacht hatte, und kritzelte ein paar Zeilen:

Lieber Andrew,

halte mich nicht für verrückt, aber ich bin in ein Abenteuer aufgebrochen. Es ging mir plötzlich auf, dass ich, während Du so viele Abenteuer erlebt hast, unentwegt zu Hause Brot gebacken habe. Mrs. McNally wird sich um Dein Essen kümmern, und eine von ihren Töchtern kann herüberkommen, um die Hausarbeit zu erledigen. Mach Dir also keine Sorgen. Ich verschwinde nur für kurze Zeit – vielleicht einen Monat lang –, um mir etwas von Deinem »Glück und Heu« anzuschauen. Die Zeitschriften nennen so etwas ›Die Revolte der Frauen‹. Warme

Unterhosen – falls Du welche brauchen solltest – liegen in der Kiste, die in der Vorratskammer steht.

Alles Liebe,
Helen

Ich ließ den Zettel auf dem Schreibtisch liegen.

Mrs. McNally war über den Trog in der Waschküche gebeugt. Ich konnte nur den breiten Bogen ihres Rückens sehen und das energische »Tschsch« ihres Reibens hören. Als ich sie ansprach, richtete sie sich auf.

»Mrs. McNally«, sagte ich, »ich verreise auf kurze Zeit. Es ist besser, Sie lassen die Wäsche bis zum Nachmittag sein und machen jetzt das Mittagessen für Andrew. Er wird gegen halb eins zurück sein, und es ist schon halb elf. Sagen Sie ihm, dass ich Mrs. Collins besuchen gegangen bin.«

Mrs. McNally ist eine stämmige, begriffsstutzige Schwedin. »In Ordnung, Miss McGill«, sagte sie, »zu Mittag sind Sie zurück?«

»Nein, ich komme erst in einem Monat zurück«, antwortete ich. »Ich gehe auf Reisen und möchte, dass Sie Rosie jeden Tag herüberschicken, damit sie hier aufräumt. Sie können das noch mit Mr. McGill besprechen. Ich muss mich jetzt beeilen.«

Mrs. McNally starrte mit ihren ehrlichen Augen, die so blau sind wie Kopenhagener Porzellan, bestürzt aus dem Fenster. Sie sah den Parnassus und Mr. Mifflin, der gerade Pegasus in die Deichseln dirigierte. Sie machte einen mutigen Versuch, die Schrift auf der Wagenwand zu enträtseln und – kapitulierte schließlich.

»Sie fahren da mit?«, fragte sie verwirrt.

»Ja«, antwortete ich und floh ins obere Stockwerk.

Mein Scheckbuch liegt immer in einer alten Schachtel in der obersten Schublade meines Sekretärs. Leider spare ich nicht sehr schnell. Das kleine Einkommen aus dem Geld, das mir mein Vater hinterlassen hat, verwaltet Andrew, der auch sonst alle finanziellen Angelegenheiten der Farm erledigt. Ich verdiene nur, wenn ich Hühner oder eingelegtes Obst verkaufe oder wenn eine der Frauenzeitschriften die Kochrezepte abdruckt, die ich gelegentlich einschicke. So kann ich mir nie viel mehr als zehn Dollar im Monat zur Seite legen. In den letzten fünf Jahren hatte ich etwas mehr als 600 Dollar gespart. Ich wollte damit einen Ford kaufen. Aber jetzt schien es mir, als ob ich mit dem Parnassus mehr Freude haben würde als mit einem Auto. Vierhundert Dollar waren eine Menge Geld, aber sie waren gut angelegt, wenn Andrew dadurch den Wagen nie zu Gesicht bekäme. Ich wollte nicht allzu lange fortbleiben, und den Wagen konnte ich ja jederzeit irgendwo verkaufen. Die Hauptsache aber war, dass ich nun Gelegenheit hatte, den Weisen von Redfield einmal mit seinen eigenen Waffen zu schlagen.

Mein Guthaben bei der Redfielder Bank betrug 615 Dollar und 20 Cent. Ich setzte mich an den Tisch in meinem Schlafzimmer, wo ich meine Rechnungen aufbewahre, und stellte einen Scheck über 400 Dollar für Roger Mifflin aus. Dann zeichnete ich etliche Schlangenlinien hinter die Zahlen, sodass niemand den Scheck auf 400 000 Dollar erhöhen konnte, kramte daraufhin einen alten Koffer hervor und legte ein paar Kleider hinein. All das nahm nicht länger als zehn Minuten in Anspruch. Als ich wieder hinunterkam, stand Mrs. McNally vor der Küchentür und blickte verdrossen auf den Parnassus.

»Sie wollen wirklich mit diesem – diesem Omnibus wegfahren, Miss McGill?«, fragte sie.

»Ja, Mrs. McNally«, antwortete ich fröhlich. Der von ihr gebrauchte Ausdruck brachte mich auf eine Idee. »Das ist eines von den neuen Verkehrsmitteln, die hier eingeführt werden sollen. Er bringt mich zum Bahnhof. Sorgen Sie sich nur nicht um mich. Ich fahre auf Urlaub. Machen Sie Mr. McGills Mittagessen fertig. Nach dem Essen sagen Sie ihm, dass im Wohnzimmer ein Brief für ihn liegt.«

»Das ist aber ein komischer Omnibus«, sagte Mrs. McNally verstört. Ich glaube, die brave Frau dachte, ich wollte mit Mr. Mifflin durchbrennen.

Ich trug mein Köfferchen zum Parnassus. Pegasus stand seelenruhig zwischen den Deichseln. Von drinnen war energisches Räumen zu hören. Dann stürmte der kleine Mann heraus – mit einer schiefen Mütze auf dem Kopf und einer aus allen Nähten platzenden Reisetasche in der Hand.

»Ich habe meinen ganzen persönlichen Besitz – Kleider und so weiter – zusammengepackt. Alles andere gehört Ihnen. Wenn ich mit dieser Tasche in den Zug steige, bin ich ein freier Mann. Dann geht's nach Brooklyn! Herrgott, werde ich froh sein, wenn ich wieder in die Stadt komme! Ich habe früher in Brooklyn gewohnt, aber jetzt bin ich schon zehn Jahre nicht dort gewesen«, fügte er bedauernd hinzu.

»Hier ist der Scheck«, sagte ich und übergab ihm das Papier. Er wurde etwas rot und sah mich beschämt an. »Ich hoffe«, meinte er, »dass Sie kein schlechtes Geschäft gemacht haben. Ich will eine Dame nicht übervorteilen. Wenn Sie glauben, dass Ihr Bruder …«

»Ich wollte sowieso einen Ford kaufen«, sagte ich, »aber ich glaube, dass ich mit Ihrem Wagen da billiger dran bin als mit jeder Blechkiste, die jemals aus der Fabrik von Detroit herausgekommen ist. Ich will das Zeug von Andrew fernhalten, und das ist die Hauptsache. Geben Sie mir eine Quittung, und dann verschwinden wir von hier so schnell wie möglich.«

Er nahm den Scheck, ohne ein weiteres Wort zu sagen, schwang seine Tasche auf den Kutschbock und verschwand wieder im Inneren des Wagens. Eine

Minute später übergab er mir eine seiner poetischen Karten, auf deren Rückseite er quittiert hatte:

Von Miss McGill die Summe von 400 (vierhundert) Dollar für einen, am heutigen Tage übergebenen, Reisenden Parnassus in erstklassigem Zustand erhalten.

Unterzeichnet
3. Oktober 19..   Roger Mifflin

»Sagen Sie«, fragte ich jetzt, »enthält Ihr … das heißt … enthält *mein* Parnassus alles, was man unterwegs so braucht? Ich meine, haben Sie Lebensmittelvorräte?«

»Das wollte ich Ihnen gerade sagen«, antwortete er. »Sie werden einen hübschen Vorrat im Wandschrank über dem Herd finden, obwohl ich gewöhnlich in die Bauernhäuser entlang der Straße eingeladen werde. Meistens lese ich den Leuten dann etwas vor, und sie spendieren gerne eine Mahlzeit. Es ist auffällig, wie wenig das Landvolk von Büchern weiß und wie sich die Leute freuen, wenn sie etwas Gutes hören. Da unten im Bezirk Lancaster in Pennsylvania …«

»Und wie ist es mit dem Pferd?«, unterbrach ich ihn, als ich merkte, dass er eine Anekdote erzählen wollte. Es war bald elf, und ich wollte endlich aufbrechen.

»Es wäre vielleicht ganz gut, etwas Hafer mitzunehmen. Mein Vorrat wird bald aufgebraucht sein.«

Ich füllte im Stall einen Sack mit Hafer, und Mr. Mifflin zeigte mir, wo unter dem Wagen ich ihn aufzuhängen hatte. Dann packte ich in der Küche einen großen Korb mit Notfall-Proviant: ein Dutzend Eier, eine Büchse Speckscheiben, Butter, Käse, Kondensmilch, Tee, Kekse, Marmelade und zwei Laib Brot. Diese Sachen verstaute Mr. Mifflin im Wagen. Erstaunt beobachtete ihn Mrs. McNally.

»Komische Landpartie mit dieser Kiste!«, meinte sie. »Welche Strecke werden Sie fahren? Soll Mr. McGill nachkommen?«

»Nein«, sagte ich entschieden, »er soll nicht nachkommen. Ich fahre in Urlaub. Machen Sie einfach das Essen für ihn fertig, dann wird er sich bis nach dem Essen nicht um mich sorgen. Erzählen Sie ihm, ich bin rüber zu Mrs. Collins gegangen.«

Ich kletterte über die kleinen Stufen und betrat meinen Parnassus mit dem prickelnden Gefühl des glücklichen Besitzers. Der Terrier begrüßte mich mit freundlichem Schwanzwedeln. Ich legte mein eigenes Bettzeug auf die Schlafstelle, klopfte die Schubladen der Kommode aus und legte die wenigen Habseligkeiten, die ich mitnehmen wollte, hinein. Es konnte losgehen.

Rotbart, der auf dem Kutschbock saß, hielt bereits die Zügel in der Hand. Ich kletterte an seine

Seite und warf noch einen letzten Blick auf unser Haus, das so behäbig unter den großen Ahornbäumen stand, auf die große rote Scheune, die in der Sonne glänzte, und auf die Pumpe in der Laube aus wildem Wein. Dann winkte ich Mrs. McNally, die uns in stummer Verwunderung nachstarrte, ein Lebewohl zu. Pegasus warf sein ganzes Gewicht ins Geschirr, der Parnassus schwenkte herum und rollte durch das Tor auf die Straße nach Redfield.

»Hier«, sagte Mifflin und hielt mir die Zügel hin, »Sie sind der Kapitän! Kutschieren Sie selbst. Welchen Weg wollen Sie nehmen?«

Mein Atem ging ein wenig rascher, als mir klar wurde, dass mein Abenteuer soeben begonnen hatte.

VIERTES KAPITEL

Gleich hinter unserer Farm gabelt sich die Straße. Der eine Weg führt nach Walton, wo man den Fluss auf einer versteckten Brücke überquert, der andere nach Greenbriar und Port Vigor. Mrs. Collins wohnt an der Straße nach Walton, und da ich sehr oft bei ihr war, dachte ich, Andrew werde mich höchstwahrscheinlich zunächst dort suchen. Also schwenkte ich, nachdem wir das Gehölz passiert hatten, Richtung Greenbriar ab. Wir begannen den langen Anstieg über Huckleberry Hill, und als ich den frischen Herbstduft der Blätter roch, kicherte ich vor mich hin.

Mr. Mifflin schwelgte geradezu in Begeisterung. »Das ist wirklich großartig«, sagte er. »Herrgott, ich gratuliere Ihnen zu Ihrer Unternehmungslust. Glauben Sie, dass Mr. McGill die Jagd aufnehmen wird?«

»Keine Ahnung«, antwortete ich. »Jedenfalls nicht sofort. Er ist zu sehr daran gewöhnt, dass ich nichts Unvernünftiges tue. Ich glaube nicht, dass er Verdacht schöpft, bevor er meinen Zettel gefunden hat. Es würde mich nur interessieren, was für eine Geschichte ihm Mrs. McNally erzählen wird!«

»Was halten Sie davon, ihn auf eine falsche Fährte zu setzen?«, meinte er. »Geben Sie mir Ihr Taschentuch.«

Ich tat es. Er sprang flink vom Wagen, rannte den Hügel wieder hinunter (er war trotz seiner Glatze ein sehr beweglicher Mann) und ließ auf der Straße nach Walton, ungefähr dreißig Meter hinter der Straßengabelung, das Taschentuch fallen. Dann lief er den Hang wieder hinauf, um mich einzuholen.

»So«, sagte er und grinste wie ein Lausbub, »das wird ihn irreführen. Der Weise von Redfield wird unweigerlich eine falsche Spur verfolgen, und die Verbrecher werden einen guten Vorsprung gewinnen. Ich fürchte nur, dass es ziemlich leicht sein wird, ein so ungewöhnliches Fahrzeug wie den Parnassus aufzuspüren.«

»Sagen Sie mir, wie funktioniert der Laden?«, lenkte ich ab. »Lohnt sich das Geschäft überhaupt?« Wir hielten auf der Anhöhe, um Pegasus verschnaufen zu lassen. Der Terrier legte sich in den Staub und beobachtete uns interessiert. Mr. Mifflin zog eine Pfeife hervor und bat mich um die Erlaubnis, rauchen zu dürfen.

»Es ist eine ziemlich komische Geschichte, wie ich dazu gekommen bin«, begann er. »Ich war Schullehrer unten in Maryland. Jahrelang hab ich mich in einer Dorfschule für einen Hungerlohn abgeplagt. Ich versuchte, meine kranke Mutter zu unterstützen und etwas für schlechte Zeiten beiseite zu legen. Ich erinnere mich, dass ich mich oft fragte, ob ich überhaupt noch dazu fähig wäre, einen ordentlichen Anzug zu tragen und mir täglich die Schuhe putzen zu lassen. Dann wurde ich kränklich. Der Arzt riet mir, an die frische Luft zu gehen. Und da begann die Idee zu dieser fahrbaren Buchhandlung in mir zu wachsen. Ich habe Bücher schon immer geliebt, und wenn ich bei Bauern in Kost war, habe ich ihnen gerne laut vorgelesen. Nach dem Tod meiner Mutter baute ich mir den Wagen ganz nach meinen Vorstellungen, kaufte in einem großen Antiquariat in Baltimore einen Grundstock an Büchern und ging auf Fahrt. Ich glaube, mein Parnassus hat mir das Leben gerettet.«

Er schob seine verblichene alte Kappe auf dem Kopf zurück und zündete sich die Pfeife wieder an. Ich schnalzte Pegasus zu, und wir rumpelten langsam über das Hochland. Aus der Ferne war das Bimmeln der Kuhglocken zu hören. Unter dem Hang war die Straße zu sehen, die in vielen Kurven nach Redfield führte. Irgendwo auf dieser Straße fuhr jetzt wohl Andrew heimwärts zu Schweinebraten und Apfelmus, während ich hier, ohne auch nur mit der Wimper zu zucken, die erste Dummheit meines Lebens beging.

»Miss McGill«, sagte das Männlein neben mir, »dieses rollende Zelt ist mir sieben Jahre lang Frau, Arzt und Religion gewesen. Noch vor einem Monat hätte ich über den Vorschlag, es zu verlassen, nur gelacht, aber irgendetwas ist in mich gefahren und verlangt nach Veränderung. Es gibt da ein Buch, das ich schon seit langem schreiben will, und ich brauche einen festen Schreibtisch unter meinen Ellbogen und ein Dach über meinem Kopf. So dumm es klingen mag, ich bin ganz verrückt danach, wieder in Brooklyn zu leben. Mein Bruder und ich haben dort unsere Kindheit verbracht. Ach, bei Sonnenuntergang über die alte Brücke gehen und vor einem roten Abendhimmel die Türme von Manhattan sehen! Und die alten, grauen Kreuzer unten im Marinehafen! Sie können sich gar nicht vorstellen, wie schnell ich den Wagen nun los sein will. Ich habe viele Exemplare der Bücher, die Ihr Bruder geschrieben hat, verkauft, und ich habe mir oft gedacht, dass er der richtige Mann für meinen Parnassus wäre, wenn ich ihn einmal satt haben sollte.«

»Stimmt«, sagte ich. »Er wäre *der* Mann dafür. Er würde nur zu gern in diesem Wagen herumzigeunern und die Farm verkommen lassen. Aber erzählen Sie mir etwas vom Bücherverkaufen. Wie viel Reingewinn machen Sie dabei? Wir werden jetzt bald bei Masons Farm vorbeikommen, und wir könnten – um einen Anfang zu machen – vielleicht schon dort etwas verkaufen.«

»Das Ganze ist sehr einfach«, meinte er. »Ich ergänze mein Lager immer, wenn ich durch eine große Stadt komme. Irgendwo gibt es da meistens einen Buchtrödler, bei dem man alles kriegt, was man braucht. Hie und da schreibe ich auch an einen New Yorker Auslieferer um irgendwelches Zeug. Wenn ich ein Buch kaufe, notiere ich gleich auf der letzten Seite, was ich dafür bezahlt habe, damit ich weiß, wie viel ich dafür verlangen kann. Hier, schauen Sie.«

Er zog ein Buch hinter dem Sitz hervor – es war eine Ausgabe von R.D. Blackmores *Lorna Doone* – und zeigte mir die Buchstaben »am«, die mit Bleistift auf die Innenseite des Einbandes gekritzelt waren.

»Das heißt, dass ich zehn Cent dafür bezahlt habe. Wenn Sie es für einen Vierteldollar verkaufen, haben Sie einen sicheren Verdienst. Es kostet ungefähr vier Dollar in der Woche, den Parnassus in Betrieb zu halten, gewöhnlich sogar weniger. Wenn Sie also in sechs Tagen vier Dollar einnehmen, können Sie es sich leisten, am Sonntag auszuruhen!«

»Wieso wissen Sie, dass ›am‹ zehn Cent bedeutet?«, fragte ich.

»Das Schlüsselwort ist ›Manuskript‹. Jeder Buchstabe bedeutet eine Zahl von Null bis Neun, verstehen Sie?« Er kritzelte auf einen Papierfetzen:

M A N U S K R I P T
0 1 2 3 4 5 6 7 8 9

»So, sehen Sie – ›am‹ steht für 10, ›an‹ wäre 12, ›ns‹ ist 24, ›ak‹ ist 15, ›amm‹ heißt 1,00 Dollar und so weiter. Meistens zahle ich nicht viel mehr als fünfzig Cent für ein Buch. Die Leute vom Land geben für Bücher ungern viel aus. Sie würden sofort einen Haufen Geld für eine Zentrifuge oder für das Wagendach von einem Einspänner bezahlen, aber es hat ihnen noch nie jemand beigebracht, sich über Literatur den Kopf zu zerbrechen. Überraschend ist jedoch, wie sehr sie sich für Bücher interessieren, wenn man sie ihnen auf die richtige Art verkauft. In der Nähe von Port Vigor gibt es einen Bauern, der es kaum erwarten kann, dass ich wiederkomme; ich bin drei- oder viermal dort gewesen. Wie ich ihn kenne, würde er Ihnen bestimmt Bücher im Wert von fünf Dollar abkaufen. Als ich das erste Mal dort war, verkaufte ich ihm *Die Schatzinsel.* Davon spricht er noch heute. Dann habe ich ihm *Robinson Crusoe* und Alcotts *Kleine Frauen* für seine Tochter verkauft und *Huck Finn* und Grubbs Buch über die Kartoffel. Als ich ihn das letzte Mal besuchte, wollte er etwas von Shakespeare, aber ich habe es ihm nicht gegeben. Er schien mir noch nicht reif dafür.«

Ich begann etwas von dem Idealismus zu erkennen, mit dem das Männlein arbeitete. Er war auf seine Art so etwas wie ein Wanderprediger. Und ein feuriger Redner. Jetzt kniff er die Augen zusammen und kam richtig in Fahrt.

»Herrgott!«, sagte er. »Wenn Sie einem Menschen ein Buch verkaufen, dann verkaufen Sie ihm nicht nur so und so viel Papier, Druckerschwärze und

Leim – nein, Sie verkaufen ihm ein ganzes, neues Leben. Liebe und Freundschaft und Humor und Schiffe bei Nacht auf hoher See – Himmel und Erde, ich finde, das alles steckt in einem Buch – in einem wirklichen Buch! Menschenskind, wenn ich der Bäcker oder der Fleischer oder der Besenbinder wäre, würden die Leute immer auf meine Ware warten. Aber ich komme mit einer ganzen Ladung ewiger Seligkeit, ja, gnädiges Fräulein – ich bringe Erlösung für ihre kleinen, verkrüppelten Geister, und es ist schwer, ihnen das einzutrichtern. Deshalb ist es der Mühe wert, dass ich etwas tue, an das kein anderer von Nazareth im Staate Maine bis Walla Walla in Washington jemals gedacht hat. Es ist ein neues Arbeitsgebiet, aber bei den Gebeinen von Whitman, es lohnt sich. *Das* ist es nämlich, was dieses Land braucht – mehr Bücher!«

Er lachte über seine eigene Heftigkeit. »Das Komische daran ist«, sagte er, »dass nicht einmal die Verleger, also die Burschen, die die Bücher drucken, begreifen, *was* ich für sie tue. Manche von ihnen verweigern mir den Kredit, weil ich ihre Bücher für das Geld verkaufe, das sie wirklich wert sind, und nicht zu den Preisen, die draufstehen. Sie schreiben mir Briefe über die ›Aufrechterhaltung der Preise‹, und ich antworte ihnen mit der ›Aufrechterhaltung des geistigen Verdienstes‹. Bringt ein gutes Buch heraus, und ich werde einen guten Preis dafür bekommen! Manchmal denke ich, dass die Verleger weniger von Büchern wissen als alle anderen. Was wohl ganz natürlich ist. Schließlich wissen die meisten Schullehrer auch nicht viel über Kinder.«

»Das Beste daran ist jedenfalls«, fuhr er fort, »dass es mir so verdammt gut geht. Peg (das Pferd), Bock (das ist der Hund) und ich, wir stromern an einem warmen Sommertag die Straße entlang und kommen ganz gemütlich an einer Fremdenpension vorbei, wo die Pensionsgäste auf der Veranda ihr Mittagessen verdauen. Die meisten von ihnen langweilen sich zu Tode. Sie haben nichts Gutes zu lesen, sie haben nichts zu tun als dazusitzen und zuzusehen, wie die Fliegen in der Sonne herumsurren und die Hühner im Staub scharren. Denen habe ich in null Komma nichts ein halbes Dutzend Bücher verkauft, die ihnen Lebenslust einflößen – und Sie können mir glauben, dass sie den Parnassus nicht so schnell vergessen! Nehmen Sie zum Beispiel einmal O. Henry. Es gibt niemanden, der so gottverlassen verschlafen ist, dass ihm die Geschichten von diesem Mann nicht gefielen. Der hat das Leben verstanden, darauf können Sie wetten, und er konnte es mit all seinen feinen Verwicklungen niederschreiben. Ich habe einmal einigen Leuten einen Abend lang O. Henry und Wilkie Collins vorgelesen. Sie haben mir daraufhin alle Bücher, die ich von den beiden hatte, abgekauft und schließlich noch mehr verlangt.«

»Was machen Sie im Winter?«, erkundigte ich

mich. – Die meisten meiner Fragen haben einen praktischen Sinn.

»Das hängt davon ab, wo ich bin, wenn das schlechte Wetter einsetzt«, antwortete Mr. Mifflin. »Zwei Winter war ich unten im Süden und brachte es fertig, den Parnassus die ganze Saison hindurch in Gang zu halten. Sonst aber bleibe ich einfach, wo ich gerade bin. Es ist mir noch nie schwergefallen, für Pegasus einen Stall und für mich, wenn es sein musste, eine Anstellung zu finden. Im vorigen Winter habe ich in einer Buchhandlung in Boston gearbeitet. Vor zwei Jahren war ich in einer Gemischtwarenhandlung auf dem Land, unten in Pennsylvania. Wieder einen Winter davor habe ich ein paar Schulkinder in englischer Literatur unterrichtet, und noch einen Winter davor war ich Steward auf einem Dampfer. Ja, sehen Sie, so ist es. Ich bin ziemlich vielseitig geworden. Soweit ich es beurteilen kann, braucht ein Mann, der Bücher gern hat, niemals zu verhungern! Aber diesen Winter will ich bei meinem Bruder in Brooklyn verbringen und mich ganz meinem eigenen Buch widmen. Herrgott, wie lange habe ich mir das alles überlegt! Viele lange Sommernachmittage bin ich auf diesem Kutschbock sitzend durch den Staub gerumpelt und hab mir das alles ausgedacht, bis ich glaubte, der Kopf müsse mir zerspringen. Wissen Sie, ich denke, dass die einfachen Leute, das heißt die auf dem Land, niemals Gelegenheit hatten, Bücher in die Hände zu bekommen, und niemals jemanden gehabt haben, der ihnen erklärt hat, was Bücher bedeuten können. Universitätsprofessoren mögen an ihren hohen, dichtgefüllten Bücherregalen Freude finden und Verleger an ihren in Leder gebundenen Klassikerausgaben, die sie propagieren, aber was die Leute brauchen, ist der gute, einfache, ehrliche Lesestoff, eine Handlung, die sie persönlich angeht, die sie lachen und zittern lässt und die sie über die Winzigkeit dieser im All herumwirbelnden Puffmaiskugel nachdenken lässt, bis ihnen übel wird. Sie brauchen etwas, das sie anspornt, den Herd schön poliert zu halten, das Holz in Scheite zu hacken und die Teller zu waschen, abzutrocknen und wegzustellen. Jeder, der die Leute vom Land dazu bringt, etwas Anständiges zu lesen, leistet seinem Vaterland einen wirklichen Dienst. Danach strebt dieser Reisewagen der Kultur … Aber sicher hat Sie meine Rede schon müde gemacht. Legt der Weise von Redfield auch manchmal so los?«

»Bei mir nicht«, sagte ich. »Er kennt mich schon so lange, dass er mich für eine lebendige Brotback- und Kuchenteigknetmaschine hält. Ich glaube, er traut meinem Urteil in literarischen Fragen nicht. Aber er legt ohne Vorbehalt sein leibliches Wohl in meine Hände. Da drüben ist die Farm von den Masons. Ich glaube, wir sollten ihnen jetzt ein paar Bücher verkaufen! Damit ein Anfang gemacht ist!«

Wir bogen in den Weg ein, der zum Hof der Masons hinaufführt. Bock trottete sehr steifbeinig und mit leichtem Schwanzwedeln voran, um den Kettenhund in ein Gespräch zu verwickeln. Mrs. Mason saß auf der Veranda und schälte Kartoffeln. Sie ist eine große, dralle Frau mit lustigen, braunen Kuhaugen.

»Lieber Himmel, Miss McGill«, rief sie mit fröhlicher Stimme, »ich freu mich wirklich, Sie wieder einmal zu sehen. Da hat Sie wohl jemand mitgenommen, nicht wahr?«

Sie hatte die Inschrift auf dem Wagen nicht richtig gesehen und hielt ihn für einen gewöhnlichen Trödlerkarren.

»Tja, Mrs. Mason«, sagte ich, »ich bin zum Buchhandel übergegangen. Das hier ist Mr. Mifflin. Ich habe sein Lager aufgekauft. Wir sind gekommen, um Ihnen ein paar Bücher zu verkaufen.«

Sie lachte. »Ach, Helen«, sagte sie, »Sie können mich nicht zum Narren halten! Ich habe im vergangenen Jahr einem Vertreter eine Menge Bücher abgekauft, und zwar: *Die großen Begräbnisreden der Welt*. Es sind zwanzig Bände. Sam und ich haben bis jetzt nicht einmal den ersten Band gelesen. Das ist ganz schön schweres Zeug!«

Mifflin sprang vom Kutschbock und hob die Wagenklappe hoch. Mrs. Mason kam näher. Es war amüsant, wie der kleine Mann beim Anblick eines Kunden förmlich größer wurde. Augenscheinlich bedeutete ihm das Bücherverkaufen so viel wie Speis und Trank.

»Gnädige Frau«, sagte er. »Begräbnisreden – sie sind in Sackleinen gebunden, nicht? – sind gewiss sehr schön, aber Miss McGill und ich haben ein paar richtige Bücher hier, die wir Ihrer Aufmerksamkeit empfehlen möchten. Der Winter wird bald da sein, und da brauchen Sie etwas Heitereres, womit Sie sich an den Abenden die Zeit vertreiben können. Sehr wahrscheinlich haben Sie auch Kinder, die von ein oder zwei guten Büchern profitieren würden. Ein Märchenbuch für das kleine Mädchen, das ich da auf der Veranda sehe? Oder Geschichten von Erfindern für den Buben, der gerade drauf und dran ist, sich den Hals zu brechen, indem er vom Scheunenboden springt? Oder ein Buch über Straßenbau für Ihren Gatten? Sicherlich ist etwas hier, was Sie brauchen können. Miss McGill kennt wahrscheinlich Ihren Geschmack.«

Dieser kleine, rotbärtige Mann war ein geborener Verkäufer. Wie er erraten konnte, dass Mr. Mason für den Zustand der Straßen unseres Gemeindebezirkes verantwortlich war, weiß nur der Himmel. Vielleicht war es aber auch bloß ein Zufallstreffer.

Inzwischen hatte sich fast die ganze Familie um den Wagen versammelt. Mr. Mason kam mit seinem zwölf Jahre alten Sohn Billy von der Scheune her auf uns zu.

»Sam«, rief Mrs. Mason, »Miss McGill ist hier. Sie ist Buchhändlerin geworden und hat einen Prediger mitgebracht!«

»Ich grüße Sie, Miss McGill«, sagte Mr. Mason. Er ist ein großer, ernster Mann, der jede Bewegung mit Bedacht ausführt. »Wo ist Andrew?«

»Andrew isst zu Hause Schweinebraten und Apfelmus«, antwortete ich, »während ich Bücher verkaufe, um etwas zu verdienen. Mr. Mifflin hier zeigt mir, wie man's macht. Wir haben ein Buch über Straßenbau mit. Das ist doch etwas, was Sie brauchen können.«

Ich sah Mr. und Mrs. Mason Blicke wechseln. Sie hielten mich offensichtlich für verrückt. Ich fragte mich, ob es nicht falsch war, Leute aufzusuchen, die ich so gut kannte. Die Situation war ein bisschen peinlich.

Mr. Mifflin kam mir zu Hilfe.

»Keine Sorge, Mr. Mason«, sagte er, »ich habe Miss McGill nicht entführt.« (Das klang irgendwie komisch, da er etwa halb so groß ist wie ich.) »Wir versuchen, das Einkommen ihres Bruders durch den Verkauf seiner Bücher zu erhöhen. Wir haben mit ihm gewettet, dass wir noch vor Allerheiligen fünfzig Exemplare von *Glück und Heu* unter die Leute bringen. Nun, ich glaube, Sie mit Ihrem Sportsgeist werden uns dabei unterstützen und uns mindestens ein Exemplar abnehmen. Andrew McGill ist vielleicht der größte Schriftsteller in diesem Staat, und jeder Steuerzahler sollte seine Bücher besitzen. Darf ich Ihnen ein Buch zeigen?«

»Das klingt vernünftig«, sagte Mr. Mason und lächelte beinahe. »Was meinst du, Emma? Sollten wir nicht ein oder zwei Bücher kaufen? Du weißt, diese Begräbnisreden …«

»Schön«, sagte Emma, »wir wollten ja schon immer eins von Andrew McGills Büchern lesen, aber wir haben nie so richtig gewusst, wie wir dazu kommen könnten. Der Kerl, der uns die Begräbnisreden verkauft hat, schien sie nicht zu kennen. Ich schlage vor, ihr bleibt jetzt hier, esst mit uns zu Mittag und erzählt uns, was wir kaufen können. Ich muss nur noch die Kartoffeln auf den Herd stellen.«

Ich muss gestehen, dass die Aussicht, mich zu einer Mahlzeit zu setzen, die ich nicht selber zubereitet hatte, einen großen Reiz auf mich ausübte. Es hätte mich auch sehr interessiert, was für ein Essen Mrs. Mason ihrer Familie vorsetzte, aber ich hatte Angst, Andrew könnte uns einholen, wenn wir zu lange herumtrödelten. Ich wollte also schon sagen, dass wir weiterfahren müssten und leider nicht bleiben könnten, als ich Mifflin, der anscheinend der Verlockung, seine Philosophie vor neuen Hörern darlegen zu können, nicht widerstehen konnte, zustimmen hörte:

»Das ist sehr nett von Ihnen, Mrs. Mason, und wir bleiben gerne. Vielleicht kann ich Peg solange in Ihrer Scheune unterstellen. Dann können wir Ihnen in aller Ruhe alles über unsere Bücher erzählen.« Und zu meinem Erstaunen erklärte ich mich damit einverstanden.

Beim Mittagessen übertraf sich Mifflin wirklich selbst. Die Tatsache, dass Mrs. Masons warme Semmeln nach Natron schmeckten, befriedigte mich weit weniger, als dies sonst der Fall gewesen wäre, so aufmerksam lauschte ich den Erzählungen des kleinen Vagabunden. Mr. Mason kam zu Tisch und murmelte etwas darüber, dass sein Telefon nicht in Ordnung sei – (ich fragte mich, ob er nicht versucht hatte, Andrew an den Draht zu bekommen; ich glaube, er hatte ein wenig Angst, ich sei durchgebrannt) –, aber die witzigen Einfälle, die aus Mifflin nur so hervorsprudelten, lenkten ihn bald ab. Nichts hielt den kleinen Mann zurück. Er unterhielt sich mit der alten Großmutter über Steppdecken, bot ihr für ihre neue Flickarbeit einen Streifen aus seiner Krawatte an und erzählte von dem illustrierten Buch über moderne Stickereien, das er im Wagen hatte. Er sprach mit Mrs. Mason über das Kochen und die Bibel, und sie tat – als leuchtendes Vorbild der Greenbriar-Sonntagsschule – ganz entsetzt über seinen Bericht von den besten Detektivgeschichten des Alten Testamentes. Mit Mr. Mason unterhielt er sich über wissenschaftlich fundierte Landwirtschaft, Kunstdünger, Macadam-Straßenbelag und Fruchtwechsel, während er dem kleinen Billy (der gleich neben ihm saß) ausgefallene Geschichten aus dem Leben von Kit Carson und Buffalo Bill erzählte. Ich war, ehrlich gesagt, erstaunt über den kleinen Mann. Er wirkte so beseligend wie Dickens' singende

Grille hinterm Ofen, wenngleich er zuweilen auch ernste Töne anschlug. Jetzt wunderte ich mich gar nicht mehr darüber, dass ihm das Bücherverkaufen so leicht fiel. Ich glaube, der Handel mit ihm hätte auch dann nichts an Romantik eingebüßt, wenn er Sicherheitsnadeln oder Hosenträger verkauft hätte.

»Wissen Sie, Mr. Mason«, sagte er, »Sie sind es Ihren Kindern wirklich schuldig, ihnen ein paar gute Bücher in die Hand zu geben. Stadtkinder haben die Bibliotheken, die sie aufsuchen können, aber auf dem Land, da gibt's nur den guten alten Bauernkalender und Bücher über Naturheilkunde, geschrieben von Damen mit Rückenschmerzen. Geben Sie Ihrem Buben und Ihrem Mädel ein paar gute Bücher, und Sie setzen sie auf die zweigleisige, mit Blocksignalen versehene Bahnlinie in die Glückseligkeit. Da wär zum Beispiel *Kleine Frauen* – Ihre Tochter kann aus diesem Buch mehr übers Mädchensein und Frauwerden lernen, als wenn sie jahrelang in der Dachkammer Papierpuppen ausschneidet!«

»Das stimmt, Vater«, pflichtete Mrs. Mason bei. »Essen Sie, essen Sie, Professor, das Fleisch wird sonst kalt.« Sie war restlos begeistert von dem wandernden Buchhändler und hatte ihm den höchsten Ehrentitel verliehen, der ihr geläufig war. »Ich hab' diese Geschichte gelesen, als ich ein Mädel war, und ich erinnere mich heute noch daran. Von diesem Buch hat Dorothy sicher mehr als von den Begräbnisreden. Ich glaube, der Professor hat recht: Wir sollten mehr Bücher um uns haben. Es ist ja wirklich eine Schande, dass man nicht mehr liest – noch dazu, wo wir einen berühmten Schriftsteller in der Nachbarschaft haben. Ist's nicht so?«

Als wir schließlich bei Mrs. Masons Kürbiskuchen angelangt waren (er war übrigens nicht schlecht, nur ist ihre Hand für feines Gebäck ein bisschen zu grob), hatte Mifflin die ganze Familie restlos für Literatur begeistert. Mrs. Mason führte uns ins Wohnzimmer, wir nahmen Platz, und Mifflin rezitierte *Die Rache* und *Maud Muller*.

»Ach nein, wie nett!«, sagte Emma Mason. »Ist das nicht überraschend, dass sich diese Worte so hübsch reimen? Es scheint fast, als ob das mit Absicht so gemacht worden wäre! Das erinnert mich an meine Schulzeit. Da gab es ein furchtbar schönes Gedicht, das ich auswendig aufsagen lernte: *Das Wrack im Asperus* hieß es …« Und sie versank in vornehme Melancholie.

Ich merkte, dass Mr. Mifflin sein Steckenpferd bestiegen hatte. Er begann, den Kindern von dem edlen Räuber Robin Hood zu erzählen. Ich war jedoch so geistesgegenwärtig, ihm einen Wink zu geben. Es war höchste Zeit, aufzubrechen, wenn Andrew uns nicht erwischen sollte. Während Mifflin Pegasus wieder in die Deichseln schob, suchte ich sieben oder acht Bücher heraus, von denen ich annahm, dass sie den Bedürfnissen der Masons entsprechen würden. Mr. Mason bestand darauf, auch

Glück und Heu zu kaufen, drückte mir dann einen funkelnagelneuen Fünfdollarschein in die Hand und lehnte es ab, sich etwas herausgeben zu lassen. »Nein, nein«, sagte er. »Ich habe mehr Vergnügen dabei gehabt als bei einer Gemeinderatssitzung. Kommen Sie nur bald wieder vorbei, Miss McGill! Ich werde Andrew berichten, was für eine gute Vorstellung Ihre Wanderbühne bietet. Und Sie, Professor, sollten Sie einmal, wenn die Straßen gerade ausgebessert werden, vorbeikommen, machen Sie nur getrost hier halt und geben Sie mir noch ein paar gute Ratschläge! So, jetzt muss ich aber zurück aufs Feld.«

Bock kam unter dem Wagen hervor, und wir fuhren langsam den Weg zur Straße hinunter. Mifflin stopfte schmunzelnd seine Pfeife. Ich war ein wenig beunruhigt, Andrew könnte uns doch noch einholen.

»Es ist ein Wunder, dass Sam Mason nicht Andrew angerufen hat«, meinte ich. »Es muss ihm doch sehr komisch vorgekommen sein, dass eine Frau wie ich, die sich sonst nur mit Landwirtschaft beschäftigt, auf einmal mit Büchern hausiert ...«

»Er hätte es auch sicher getan«, erwiderte Mifflin, »aber wissen Sie, ich habe die Telefonleitung durchgeschnitten!«

FÜNFTES KAPITEL

Erstaunt starrte ich den durchtriebenen kleinen Schurken an. Das war ja eine ganz neue Seite an diesem liebenswerten Idealisten! Anscheinend steckte außer seiner sanften Liebe zu Büchern auch ein guter Schuss furchtloser Teufelei in ihm. Ich muss sagen, dass ich ihn jetzt zum ersten Mal wirklich bewunderte. Ich selbst hatte alle Brücken hinter mir abgebrochen, und es freute mich außerordentlich, dass auch er im Handumdrehen einen Entschluss in die Tat umsetzen konnte.

»Na«, sagte ich, »Sie sind ja ein kaltblütiger Bursche! Welch ein Glück, dass Sie nicht Schulmeister geblieben sind. Sie hätten Ihren Schülern sonst ein paar feine Lausbubenstücke beigebracht – und das in Ihrem Alter!«

Ich fürchte, mein Mundwerk sitzt manchmal etwas zu locker. Bei meiner Anspielung auf sein Alter wurde er ein bisschen rot und zog heftig an seiner Pfeife.

»Hören Sie mal«, erwiderte er, »für wie alt halten Sie mich eigentlich? Bei den Gebeinen von Byron, ich bin erst einundvierzig! Heinrich VIII. war einundvierzig, als er Anna Boleyn heiratete. Es gibt viele trostreiche Beispiele für Leute über vierzig! Erinnern Sie sich daran, wenn Sie einmal so weit sind!«

»Shakespeare schrieb *König Lear* mit einundvierzig«, fügte er schließlich hinzu und brach dann in Gelächter aus. »Ich würde gerne eine Serie namens ›Chloroform-Klassiker‹ herausgeben. Diese Reihe soll nur Bücher enthalten, die nach dem 40. Lebensjahr des Verfassers geschrieben worden sind. Wer war bloß dieser Arzt, der uns empfohlen hat, in diesem Alter Betäubungsmittel zu nehmen? Sieht das nicht einem Quacksalber ähnlich? Erst müht er sich mit uns ab, damit wir die Kinderkrankheiten überstehen, und wenn wir dann endlich ganz gesund sind, ein wenig Weltweisheit angenommen haben und keine Arztrechnungen mehr bezahlen müssen, ei, dann verliert er das Interesse an uns! Beim Jupiter! Das muss ich mir gleich für mein Buch notieren.«

Er zog ein Notizbuch aus der Tasche und vermerkte in seiner kleinen, sauberen Handschrift kurz: »Chloroform-Klassiker«.

»Nun ja«, sagte ich – ein wenig zerknirscht, denn es tat mir aufrichtig leid, ihn beleidigt zu haben –, »ich habe selbst die vierzig in einigen Punkten überschritten, daher hat die Jugend keine Schrecken mehr für mich.«

Er sah mich ziemlich belustigt an.

»Mein liebes, gnädiges Fräulein«, erwiderte er.

»Sie sind haargenau achtzehn Jahre alt. Ich glaube, wenn wir den Klauen des Weisen von Redfield entrinnen, können Sie wirklich zu leben beginnen.«

»Oh, Andrew ist gar kein so schlechter Kerl«, verteidigte ich meinen Bruder. »Er ist bloß ein wenig zerstreut, jähzornig und ein bisschen egoistisch. Die Verleger haben ihr Bestes getan, um ihn zu verderben, aber für einen Mann der Feder ist er wohl noch ziemlich menschlich. Mich hat er jedenfalls davor bewahrt, ewig Gouvernante sein zu müssen, und das muss ich ihm zugute halten. Wenn er nur seine Mahlzeiten nicht für selbstverständlich erachten würde ...«

»Das Komischste an ihm ist, dass er wirklich schreiben kann«, sagte Mifflin. »Darum beneide ich ihn. Verraten Sie ihm nicht, dass ich das gesagt habe, aber tatsächlich ist seine Prosa fast so gut wie die von Thoreau. Er nähert sich den Tatsachen genauso behutsam wie eine Katze einer nassen Straße, die sie überqueren will.«

»Na, dann sollten Sie ihn beim Mittagessen sehen«, dachte ich – oder wollte ich nur denken, doch die Worte rutschten mir heraus. Fassungslos hörte ich mich laut denken, während ich neben diesem seltsamen kleinen Menschen saß.

Er sah mich an. Ich bemerkte zum ersten Mal, dass seine Augen schieferblau waren und sich in seinen Augenwinkeln lustige Krähenfüße zeigten.

»Wirklich«, sagte er, »daran habe ich noch nie

gedacht. Ein Prosastil setzt wahrscheinlich gesunde Ernährung voraus. Ausgezeichnet ... Und Thoreau hat sogar selbst gekocht. Wie ein Pfadfinder vermutlich, der seinen Küchendienst versieht. Es wäre interessant zu wissen, wer für Stevenson gekocht hat. Sein *Versgarten* war tatsächlich so eine Art Küchengarten, nicht wahr? Ich fürchte, das Haushaltsproblem hat ziemlich schwer auf Ihnen gelastet. Ich bin froh, dass Sie sich davon befreit haben.«

Das war nun alles ziemlich kompliziert für mich. Ich schreibe es nieder, wie es mir gerade einfällt, vielleicht ein bisschen ungenau. Die Zeit, in der ich als Gouvernante tätig war, war schon lange vorbei, und ich hielt mich jetzt lieber an den gesunden Menschenverstand als an literarische Spitzfindigkeiten. Und so etwas Ähnliches sagte ich auch.

»Gesunder Menschenverstand?«, wiederholte er. »Lieber Gott, gnädiges Fräulein. Verstand ist das Ungewöhnlichste, das es auf der Welt gibt. Ich habe ihn jedenfalls nicht. Und nach dem, was Sie sagen, glaube ich auch nicht, dass Ihr Bruder ihn hat. Bock hier, der hat ihn. Sehen Sie, wie er die Straße entlangtrottet, die Gegend betrachtet und sich nur um seine eigenen Angelegenheiten kümmert. Ich habe noch nie gesehen, dass er sich auf eine Rauferei eingelassen hätte. Ich wünschte, ich könnte dasselbe von mir sagen. Ich habe ihn Bock genannt, nach Boccaccio; er soll mich daran erinnern, dass ich einmal das *Decamerone* lesen muss.«

»Nach der Art, wie Sie reden, zu urteilen«, sagte ich, »müssten Sie selber schon ein ziemlich bekannter Schriftsteller sein.«

»Leute, die reden, schreiben nicht. Sie reden nur.«

Darauf herrschte längeres Schweigen. Mifflin zündete sich wieder seine Pfeife an und beobachtete mit zusammengekniffenen Augen die Landschaft. Ich hielt die Zügel locker, und Peg trabte mit gleichmäßigem »Klapp-klapp« dahin. Der Parnassus knarrte melodisch, und die Nachmittagssonne lag voll und prall über der Fahrbahn. Wir kamen an einer Farm vorbei, aber ich schlug nicht vor, anzuhalten, da ich fühlte, dass wir weitereilen mussten. Mifflin schien in Gedanken versunken, und ich begann mich mit einem gewissen Unbehagen zu fragen, wie das Abenteuer wohl ausgehen werde. Dieser merkwürdige, gebieterische, kleine Mann verwirrte mich irgendwie. Über den nächsten Hügel leuchtete die Kirchturmspitze von Greenbriar weiß herüber.

»Kennen Sie die Gegend hier?«, fragte ich schließlich.

»Nicht direkt. Ich bin oft in Port Vigor gewesen, bin aber immer auf der Straße entlang der Bucht gefahren. Ich nehme an, das Dorf vor uns ist Greenbriar.«

»Ja«, antwortete ich. »Von hier aus sind es ungefähr zwanzig Kilometer nach Port Vigor. Und wie wollen Sie von dort nach Brooklyn kommen?«

»Oh, Brooklyn …«, sagte er gedehnt. »Für den Moment hatte ich Brooklyn ganz vergessen. Ich habe an mein Buch gedacht. Nun, ich glaube, ich werde in Port Vigor in den Zug steigen. Ärgerlich, dass man nur über New York nach Brooklyn kommen kann. Wahrscheinlich hat das symbolische Bedeutung.«

Darauf schwiegen wir wieder. Schließlich sagte er: »Gibt es zwischen Greenbriar und Port Vigor noch eine andere Stadt?«

»Ja, Shelby. Ungefähr fünf Kilometer hinter Greenbriar.«

»So weit werden Sie heute noch kommen«, meinte er. »Hoffentlich finden Sie dort eine anständige Unterkunft. Ich werde Sie nach Shelby begleiten und von dort nach Port Vigor aufbrechen.«

Ich wollte ihm nicht zeigen, dass mit dem schwindenden Nachmittag auch meine Begeisterung abnahm. Ich fragte mich, was Andrew wohl denken würde und ob Mrs. McNally alles in Ordnung gebracht hatte. Wie bei den meisten Schwedinnen, so musste man auch bei ihr sehr aufmerksam sein, weil sonst die Arbeit nur zu drei Vierteln gemacht wurde. Auch auf die hausfraulichen Tugenden ihrer Tochter Rosie gab ich nicht allzu viel. Ich fragte mich, was Andrew jetzt wohl zu essen bekam. Wahrscheinlich würde er auch weiterhin seine Sommerunterhosen tragen, obwohl ich ihn bereits ermahnt hatte, die langen zu nehmen. Dann waren da noch die Hühner …

Nun, der Rubikon war überschritten; daran war nichts mehr zu ändern.

Zu meiner Überraschung waren meine Überlegungen Klein-Rotbart nicht verborgen geblieben. »Machen Sie sich doch keine Sorgen um den Weisen«, sagte er freundlich. »Ein Mann, der seine Tantiemen bekommt, braucht nicht zu verhungern. Bei den Gebeinen von John Murray, seine Verleger können ihm, wenn nötig, auch einen Koch schicken! Vergessen Sie nicht, dass das Ihr Urlaub ist!«

Er verstand es wirklich, mich aufzumuntern, während wir langsam nach Greenbriar hinunterrollten.

Ich bin wohl genauso abgebrüht wie die meisten Leute, aber ich gestehe, dass ich mich ein wenig gegen den Gedanken wehrte, den verschiedenen Bekannten in Greenbriar als Eigentümerin eines Bücherwagens und Kompagnon eines Literaturhausierers entgegenzutreten. Ich erinnerte mich auch wieder daran, dass es, falls Andrew uns doch folgen und einholen sollte, besser für mich wäre, nicht gesehen zu werden. So tauchte ich, nachdem ich Mr. Mifflin erzählt hatte, was für Gefühle mich bewegten, im Parnassus unter und machte es mir auf der Schlafstelle gemütlich. Bock, der Terrier, legte sich zu mir, und während wir die Straße bergab fuhren, entspannte ich mich allmählich. Die Sonne schien durch das kleine Oberlicht und vergoldete eine Zinnpfanne, die über dem Herd hing. Hie und da waren Bilder von Schriftstellern mit Reißnägeln an der Wand befestigt. Ich entdeckte auch einen verblichenen Zeitungsausschnitt. Die Schlagzeile lautete: »Literarischer Hausierer hält Vorlesungen über Dichtkunst.« Ich las die Notiz durch. Anscheinend hatte der Professor (ich hatte begonnen, ihn so zu nennen, weil mir dieser treffende Spitzname im Gedächtnis haften geblieben war) einen Vortrag in Camden, New Jersey, gehalten, in dem er behauptete, dass Tennyson ein weitaus größerer Dichter als Walt Whitman wäre, worauf die Verehrer des Camdener Poeten den Abend mit Missfallenskundgebungen gewürzt hatten. Anscheinend war der eifrigste Whitman-Jünger in Camden ein gewisser Mr. Kummer. Mifflin hatte den Tumult heraufbeschworen, als er behauptete, dass auch »Tennyson seinen Kummer« gehabt habe. Ein sonderbarer Mensch, dieser Professor, dachte ich, als ich so bequem dalag und das gleichförmige Geräusch der rollenden Räder mich einschläferte.

Greenbriar ist eine kleine Stadt, die um eine große Wiese herum gebaut wurde. Mifflins übliche Methode in Städten war – so hatte er mir erzählt –, den Parnassus vor dem größten Geschäft oder Hotel anzuhalten, und wenn sich dann eine kleine Schar Neugieriger versammelt hatte, die Wagenklappen hochzuschieben, seine Karten zu verteilen und eine Rede über den Wert guter Bücher vom Stapel zu lassen. Ich lag im Wagen verborgen, entnahm aber den Geräuschen, dass es sich nun um diesen Vorgang handelte. Der Wagen war stehen geblieben.

Ich hörte ein anwachsendes Raunen und Gelächter und dann das Einschnappen der Federn, als die Wagenklappen gehoben wurden. Ich hörte Mifflin mit seiner schrillen, leicht nasalen Stimme witzige Bemerkungen machen, als er die Karten verteilte. Anscheinend war Bock mit dem Vorgang völlig vertraut, da er – obgleich er langsam mit dem Schwanz wedelte, als der Professor zu sprechen begann – ganz friedlich zu meinen Füßen weiterdöste.

»Meine Freunde«, sagte Mr. Mifflin, »erinnern Sie sich an Abe Lincolns Witz über den Hund? Wenn Sie einen Schwanz ein Bein nennen, sagte Abe, wie viele Beine hat dann ein Hund? Fünf, werden Sie antworten. Nein, sagte Abe, weil davon, dass man einen Schwanz ein Bein *nennt*, noch lange kein Bein draus *wird*! Nun, es gibt viele unter uns, die sich in derselben Situation wie der besagte Hundeschwanz befinden: Nur weil wir uns Menschen *nennen*, *sind* wir noch lange keine. Keine Kreatur auf Erden hat das Recht, sich für ein menschliches Wesen zu halten, wenn sie nicht mindestens ein gutes Buch kennt. Der Mann, der jeden Abend damit verbringt, Piper Heidsiecks Kautabak in seinem Laden zu kauen, ist unwürdig, den Wink eines wohlwollenden Schöpfers zu begreifen. Der Mensch aber, der ein paar gute Bücher in seinem Regal hat, macht seine Frau glücklich, gibt seinen Kindern ein gutes Beispiel und wird wahrscheinlich auch selber ein besserer Bürger sein. Was meinen Sie dazu, Herr Pfarrer?«

Ich hörte die tiefe Stimme des Methodisten-Predigers Reverend Kane: »Sie haben vollkommen recht, Professor!«, rief er. »Erzählen Sie uns mehr von Büchern. Ich pflichte Ihnen jedenfalls bei!« Anscheinend war Reverend Kane vom Aussehen des Parnassus angelockt worden, und ich hörte ihn mit sich selbst reden, als er ein oder zwei Bücher aus den Regalen zog. Wie überrascht wäre er gewesen, wenn er gewusst hätte, dass ich im Wageninnern lag. Um keine Vorsichtsmaßnahme außer Acht zu lassen, schob ich den Riegel an der rückseitigen Tür des Wagens vor und zog die Vorhänge zu. Dann kroch ich wieder auf mein Lager und malte mir aus, was für eine Szene es geben würde, wenn Andrew mich hier fände.

»Ihr seid alle an Trödler, Hausierer und Kerle gewöhnt, die euch den verschiedensten Plunder von Besen bis zu Bananen andrehen«, hörte ich die Stimme des Professors wieder, »aber wie oft kommt hier einer vorbei, der euch Bücher verkauft? Ihr habt eure Stadtbibliothek, sicher – doch es gibt da ein paar Bücher, die ihr selbst besitzen solltet. Ich habe sie hier, alle, von der Bibel bis zum Kochbuch. Sie sollen für sich selbst sprechen. Nur heran an die Bücherbretter, Freunde, seht sie euch an und wählt!«

Ich hörte den Pfarrer nach dem Preis irgendeines Buches, das er auf einem Regal gefunden hatte, fragen, und ich glaube, er hat es auch gekauft, aber das Summen der Stimmen um die Flanken des

Parnassus wirkte sehr einschläfernd, obgleich mich alles, was um mich herum vorging, sehr interessierte. Jedenfalls merkte ich überhaupt nicht, dass wir wieder losfuhren. Erst als der Wagen einen kleinen Ruck machte, kam ich wieder zu mir. Es war bereits dunkel. Bock lag noch immer zu meinen Füßen. Ein schwaches, melodisches Klirren ließ erkennen, dass der hin- und herpendelnde Eimer unter dem Wagen ab und zu an etwas anschlug. In der Höhe des Wagendaches hing eine leuchtende Laterne. Der Professor saß auf dem Kutschbock und summte irgendein fremdländisches Liedchen:

Schiffbrüchig war ich bei Soft Perowse
doch kam ich noch zum Strand;
Durchstreifen wollt ich ihn sofort –
Erforschen dieses Land …

Ich sprang auf, stieß mit dem Schienbein gegen irgendetwas und rief laut: »Hallo!« Der Professor hielt den Parnassus an und schob das Fenster hinter dem Kutschbock zur Seite.

»Himmel!«, sagte ich. »Vater Chronos, wie spät ist es?«

»Zeit zum Abendessen, schätze ich. Sie müssen eingeschlafen sein, während ich den Philistern Geld abknöpfte. Ich habe fast drei Dollar für Sie verdient. Wir können ja gleich hier einen Bissen zu uns nehmen.«

Er dirigierte Pegasus an den Straßenrand und zeigte mir dann, wie die Laterne, die unter dem Oberlicht hing, anzuzünden war. »An einem so herrlichen Abend wie heute hat es keinen Zweck, den Ofen zu heizen«, sagte er. »Ich werde etwas Reisig sammeln, und wir können ein offenes Feuer machen. Bringen Sie inzwischen Ihren Proviantkorb heraus.« Er spannte Pegasus aus, band ihn an einen Baum und gab ihm einen Futtersack mit Hafer. Dann suchte er ein paar Zweige zusammen und hatte im Handumdrehen ein Feuer entfacht. Keine fünf Minuten später brutzelte ich Speck und Rühreier in einer Bratpfanne, während er einen Eimer Wasser aus dem Kühlkasten holte und Tee zu kochen begann.

Noch nie hatte mir ein Picknick so viel Spaß gemacht! Es war ein schöner, windstiller Herbstabend. Die winzige Sichel des zunehmenden Mondes nahm sich am schwarzen Himmel wie ein abgeschnittener Daumennagel aus. Wir aßen unsere Rühreier mit Speck, spülten sie mit Tee und Kondensmilch hinunter und ließen Marmeladenbrote folgen. Im Schein des kleinen blauen Feuers saßen wir einander gemütlich gegenüber, während Bock die Pfanne ausleckte und die Brotrinden fraß.

»Ist das selbstgebackenes Brot, Miss McGill?«, fragte der Professor.

»Ja«, antwortete ich. »Ich habe erst neulich ausgerechnet, dass ich seit fünfzehn Jahren mehr als

400 Laib jährlich gebacken habe. Das sind mehr als 6000 Laib Brot. Man sollte das auf meinen Grabstein schreiben!«

»Die Kunst des Brotbackens ist ein genauso großes Geheimnis wie die Kunst, Sonette zu dichten«, sagte Rotbart. »Und was Ihre warmen Semmeln betrifft, die könnte man, glaube ich, zu den kürzeren Gedichten – vielleicht zu den Dreizeilern – rechnen. Da kommt eine ganz schöne Gedichtsammlung oder – wenn Ihnen das lieber ist – Blütenlese dabei heraus.«

»Ost ist Ost und West ist West«, sagte ich und war über meine eigene Klugheit ganz erstaunt. Eine Bemerkung wie diese hatte ich Andrew gegenüber in fünf Jahren nicht gemacht.

»Ich sehe, Sie sind mit Kipling vertraut«, sagte er.

»O ja – so wie jede Erzieherin.«

»Wo und wen haben Sie erzogen?«

»Ich war in New York bei der Familie eines reichen Börsenmaklers. Sie hatten drei Kinder. Ich ging mit ihnen im Central Park spazieren.«

»Sind Sie jemals in Brooklyn gewesen?«, unterbrach er mich.

»Nein, nie«, antwortete ich.

»Ja«, sagte er, »das ist ja gerade das Schlimme. New York ist ein Babylon, aber Brooklyn ist die wahre Heilige Stadt. New York ist die Stadt des Neides, der Büroarbeit und der Hast! Brooklyn ist ein Ort der Heimstätten und des Glückes. Es ist sonderbar, dass die armen, abgehetzten New Yorker es wagen, auf das tieferliegende, häusliche Brooklyn herabzublicken – dabei ist es in Wahrheit das kostbare Juwel, nach dem ihre Seelen dürsten; sie wissen es nur nicht. Broadway – der ›breite Weg‹ – überlegen Sie, wie symbolisch dieser Name ist. Breit ist die Straße, die zur Verdammnis führt! Aber in Brooklyn sind die Gassen eng und führen in die Himmlische Stadt der Zufriedenheit. Der Central Park – da haben Sie's – ist der von den Mauern der Überheblichkeit gesäumte Mittelpunkt des Dinglichen. Um wie viel schöner ist dagegen der Prospect Park, der einen freien Blick über die Hügel der Demut gewährt! Die New Yorker sind hoffnungslos verloren, denn sie brüsten sich mit ihren wolkenkratzerhaften Sünden; in Brooklyn dagegen findet man die Weisheit der Demütigen!«

»Sie meinen also damit, dass ich als Erzieherin in Brooklyn zufrieden gewesen wäre und niemals zu Andrew gezogen wäre, um meine Anthologie von 6000 Laib Brot und einigen kleineren Blüten zusammenzutragen?«

Doch der Professor hatte schon wieder neue Argumente gefunden und ließ sich von mir nicht ablenken.

»Gewiss, Brooklyn ist ein schmutziger Ort«, gab er zu. »Aber für mich symbolisiert er das Geistige, während in New York allein das Geld zählt. Sehen Sie, ich habe meine Kindheit in Brooklyn verbracht, und für mich ist es immer noch von Ruhmeswolken umgeben. Wenn ich dorthin zurückkehre und an meinem Buch zu arbeiten beginne, werde ich so glücklich sein wie Nebukadnezar, als er aufhörte, sich mit Gras zu begnügen und reumütig zu Tee und Kuchen zurückkehrte. ›Literatur unter Farmern‹ werde ich mein Werk nennen, wobei allein der Titel nicht viel sagt. Ich würde Ihnen gerne einige meiner Notizen vorlesen.«

Ich fürchte, ich konnte nur schlecht ein Gähnen unterdrücken. Aber ich war wirklich müde, und außerdem begann es kühl zu werden.

»Sagen Sie mir doch erst einmal«, bat ich, »wo in aller Welt wir eigentlich stecken und wie spät es ist.«

Er zog einen alten Wecker aus der Tasche. »Es ist neun Uhr«, sagte er, »und ich denke, dass wir so ungefähr drei Kilometer vor Shelby sind. Vielleicht ist es wirklich besser, wenn wir weiterfahren. Man hat mir in Greenbriar gesagt, dass man im Grand Central Hotel in Shelby gut übernachten kann. Aber das klingt zu sehr nach New York, und darum habe ich mich auch nicht beeilt.«

Er trug das Geschirr und alles, was wir zum Kochen benutzt hatten, zurück in den Parnassus, zäumte Peg wieder auf und band Bock an den Wagen. Dann bestand er darauf, mir die zwei Dollar und achtzig Cent zu geben, die er in Greenbriar verdient hatte. Ich war wirklich zu schläfrig, um zu protestieren, und schließlich gehörten sie ja mir.

Und dann fuhren wir zwischen Föhrenwäldern über die dunkle, stille Straße. Ich glaube, er sprach unaufhörlich über seine Mission und seine Erfahrungen mit den Farmern in einem Dutzend Staaten, denen er Bücher verkauft hatte, aber (um ehrlich zu sein) ich schlief in meiner Ecke des Kutschbocks ein. Erst als wir vor dem Hotel in Shelby hielten, wachte ich auf. Es war ein gediegener Landgasthof, der nichts mit seinem Namen zu tun hatte. Ich überließ es dem Professor, den Parnassus und die Tiere für die Nacht unterzubringen, während ich mich um ein Zimmer kümmerte. Gerade als der Portier mir den Schlüssel reichte, kam Mifflin in die düstere Halle.

»Werde ich Sie morgen früh noch sehen?«, fragte ich.

»Ich wollte eigentlich gleich weiter nach Port Vigor wandern«, meinte er, »aber da es, wie man mir sagt, doch noch zwölf Kilometer sind, werde ich wohl auch hier biwakieren. Vorerst aber will ich noch ins Raucherzimmer gehen und die Herrschaften dort für ein paar gute Bücher reif machen. Wir werden uns nicht vor morgen Lebewohl sagen.«

Mein Zimmer war nett und rein (was man halt so als ›rein‹ bezeichnet). Ich nahm ein heißes Bad. Im Einschlafen hörte ich eine schrille Stimme zu mir heraufdringen, die manchmal von männlichem Gelächter unterbrochen wurde. Der Missionar bekehrte schon wieder die Ungläubigen.

SECHSTES KAPITEL

Als ich am nächsten Morgen erwachte, war ich irgendwie verwirrt. Das nüchterne Zimmer mit dem rotblauen Vorleger und der Waschgarnitur aus grünem Porzellan war mir völlig fremd. Im Vorraum schlug eine Uhr. »Himmel!«, dachte ich, »ich habe um fast zwei Stunden verschlafen. Was – um Gottes willen – wird Andrew jetzt frühstücken?« Als ich aber dann zum Fenster lief, um es zu schließen, sah ich den blaugestrichenen Parnassus mit seiner leuchtend roten Aufschrift im Hof stehen. Sofort wusste ich wieder, wo ich war. Hinter dem Vorhang versteckt, blickte ich verstohlen in den Hof hinunter und sah, dass der Professor, mit einem Farbkübel bewaffnet, seinen eigenen Namen, der auf der Seitenwand des Wagens stand, auslöschte. Wahrscheinlich wollte er ihn durch meinen Namen ersetzen. Nun, ich wollte mich auch damit abfinden.

Ich zog mich rasch an, packte, was ich mithatte, in meine Tasche und eilte zum Frühstück hinunter. Die Gaststube war fast leer; zwei Männer saßen am Ende eines langen Tisches. Sie betrachteten mich neugierig. Durch das Fenster konnte ich sehen, wie der Professor emsig seinen Pinsel schwang und wie sich aus großen, roten Buchstaben mein Name bildete. Als ich meinen Kaffee getrunken und die Speckbohnen gegessen hatte, bemerkte ich, dass der Professor die Namen Shakespeare, Stevenson usw. übermalt und einen neuen Text hingeschrieben hatte. Das Firmenschild lautete jetzt:

H. MCGILLS
REISENDER PARNASSUS
Die fahrende Buchhandlung
Riesenauswahl an Kochbüchern
Treten Sie näher!

Offenbar glaubte er nicht daran, dass ich mit den Klassikern vertraut war.

Ich zahlte meine Rechnung und beglich selbstverständlich auch die Kosten für die Unterbringung von Pferd und Wagen. Dann ging ich langsam in den Hof, wo Mr. Mifflin gerade mit Genugtuung seine Leistung betrachtete. Er hatte alle roten Buchstaben frisch übermalt, und sie glänzten und leuchteten jetzt in der Morgensonne.

»Guten Morgen!«, sagte ich.

Er erwiderte meinen Gruß.

»Da!«, rief er dann. »Jetzt gehört der Parnassus erst richtig Ihnen. Und jetzt steht Ihnen die ganze Welt offen! Hier ist auch noch Geld, das Ihnen gehört. Ich habe gestern Abend ein paar Bücher verkauft. Den Hotelbesitzer habe ich nämlich dazu überredet, verschiedene Bände von O. Henry für den Bücherschrank im Raucherzimmer zu nehmen, und der Köchin habe ich das *Waldorf-Kochbuch* verkauft. Mein Gott! War der Kaffee nicht scheußlich? Ich hoffe, dass er jetzt besser wird!«

Er gab mir zwei abgegriffene Scheine und eine Hand voll Kleingeld. Es war wirklich kein schlechter Verdienst – wir hatten in weniger als 24 Stunden mehr als zehn Dollar eingenommen.

»Der Parnassus scheint ja eine Goldgrube zu sein«, sagte ich.

»Wie werden Sie weiterfahren?«, fragte er.

»Nun, da ich weiß, dass Sie nach Port Vigor wollen, kann ich Sie ja ganz gut mitnehmen«, gab ich zur Antwort.

»Fein! Ich hatte gehofft, dass Sie diesen Vorschlag machen. Ich habe nämlich erfahren, dass der Postwagen nach Port Vigor nicht vor Mittag abfährt, und ich hätte es kaum ausgehalten, den ganzen Vormittag hier herumzulungern, ohne Bücher verkaufen zu können. Mir wird wohl erst leichter sein, wenn ich im Zug sitze.«

Bock war in einer Ecke des Hofes angebunden. Ich ging hinüber, um ihn loszumachen, während der Professor Peg anschirrte. Als ich mich bückte, um die Kette von Bocks Halsband zu lösen, hörte ich jemanden telefonieren. Die Hotelhalle war gerade über mir, und das Fenster stand offen.

»Was haben Sie gesagt?«

»– – – – – – –«

»McGill? Ja, mein Herr. Hat hier gestern eingecheckt! Sie ist noch hier.«

Mehr brauchte ich nicht zu hören. Schnell band ich Bock los und eilte zu Mifflin. Seine Augen funkelten.

»Der Weise ist uns also auf der Spur«, kicherte er. »Schön, lasst uns abfahren! Ich wüsste nicht, was er machen könnte, selbst wenn er uns einholen sollte!«

Der Portier rief mir vom Fenster aus zu: »Miss McGill! Ihr Bruder ist für Sie am Apparat!«

»Sagen Sie ihm, dass ich keine Zeit habe!«, rief ich zurück und kletterte auf den Kutschbock. Ich fürchte, das war keine diplomatische Antwort, aber der frische Morgen und der Reiz des Abenteuers hatten mich zu sehr aufgekratzt, als dass ich nach einer besseren Ausflucht suchen mochte. Mifflin schnalzte, und wir fuhren los.

Die Straße von Shelby nach Port Vigor führt über die breiten Hügel, die sich bis zur Bucht erstrecken. Im Tal zu unserer Linken lag der glitzernde Fluss. Es war eine herrliche Landschaft: Die Wälder schimmerten in Bronze- und Goldtönen, die Wolken waren schneeweiß und sahen aus wie zum Trocknen aufgehängte himmlische Wäsche, und die Sonne strahlte warm und triumphierend von einem tiefblauen Gewölbe. Wahrhaftig, mein Herz schlug höher. Ich glaube, ich wusste zum ersten Mal, wie Andrew sich fühlte, wenn er so herumvagabundierte. Warum war mir all das bisher verborgen geblieben? Warum hatte mich das große Wunder des Brotbackens so lange blind gemacht für diese Wunder: die Sonne, den Himmel und den Wind in den Bäumen? Wir kamen an einem weißen Bauernhaus vorbei. Neben dem Tor, auf einem Holzklotz, saß der Farmer. Er schnitzte an einem Stock und rauchte seine Pfeife. Durch das Küchenfenster konnte ich eine Frau sehen, die den Ofen schwärzte. Ich hätte am liebsten geschrien: »He, du dummes Weib! Lass deinen Herd, deine Töpfe und Pfannen – wenn auch nur für einen Tag! Komm heraus und schau dir die Sonne am Himmel und den Fluss in der Ferne an!« Der Farmer blickte verwirrt auf den Parnassus, als wir vorbeifuhren, und ich erinnerte mich an meine Aufgabe, Literatur unter die Leute zu bringen. Mifflin, der ruhig neben mir saß, hatte einen Fuß auf seine ausgebeulte Tasche gelegt und betrachtete drei Baumwipfel, die im kühlen Wind schaukelten. Er schien mit seinen Gedanken weit weg zu sein. Ich zog die Zügel an.

»Guten Morgen, mein Freund!«, rief ich dem Farmer zu.

»Ihnen auch einen schönen guten Morgen, gnädige Frau!«, antwortete er.

»Ich verkaufe Bücher«, sagte ich, »und vielleicht habe ich ja eines dabei, das Sie brauchen könnten?«

»Danke, liebe Frau«, meinte er, »aber ich habe im vergangenen Jahr einen Haufen Bücher gekauft, und ich glaube nicht, dass ich sie alle noch im Diesseits lesen werde. Ein Verlagsvertreter hat mir für einen Dollar im Monat eine große Ausgabe der *Begräbnisreden* hier gelassen! Ich glaub, ich könnte mich jetzt als tief erschütterter Trauergast an jeder Leichenfeierlichkeit beteiligen.«

»Sie brauchen ein paar Bücher, die Sie lehren, wie man lebt, und nicht, wie man stirbt!«, sagte ich. »Was ist mit Ihrer Frau? Hätte sie nicht Freude an einem guten Buch? Oder wie wär's mit einigen Märchen für die Kinder?«

»Gott behüte«, meinte er, »ich hab ja gar keine Frau. Ein Draufgänger bin ich nie gewesen, und ich denk, ich werd meine melancholischen Freuden jetzt für einige Zeit auf die *Begräbnisreden* beschränken!«

»Einen Augenblick!«, rief ich. »Ich habe doch das Richtige für Sie.« Ich erinnerte mich, auf einem der Bücherbretter eine Ausgabe von *Träumereien eines Junggesellen* gesehen zu haben. Ich kletterte vom Kutschbock, hob die Klappe des Wagens (es war ziemlich aufregend für mich, da ich es doch zum ersten Mal selbst tat) und suchte das Buch heraus. Ich schaute auf den Umschlag, auf dem Mifflin in seiner sauberen Handschrift »nm« notiert hatte.

»Da ist es ja«, sagte ich. »Ich geb es Ihnen für dreißig Cent.«

»Besten Dank, gnädige Frau«, erwiderte er höflich. »Aber ehrlich gesagt, ich wüsste nicht, was ich damit anfangen sollte. Ich arbeite mich durch einen Regierungsbericht über Holzwurmbekämpfung, schnüffle ein wenig in den *Begräbnisreden*, und das ist, ehrlich gesagt, alles, was ich lesen will. Das und unsere Zeitung, die *Port Vigor Clarion.*«

Da ich sah, dass er wirklich meinte, was er sagte, schwang ich mich wieder auf den Kutschbock. Ich hätte gerne mit der Frau in der Küche gesprochen, die erstaunt aus dem Fenster blickte, dachte aber, dass es doch besser wäre, weiterzufahren und keine Zeit zu vergeuden. Der Farmer und ich wechselten freundliche Grüße, und der Parnassus rumpelte weiter.

Es war ein so schöner Morgen, dass ich gar keine Lust hatte, mich zu unterhalten, und da der Professor noch immer seinen Gedanken nachhing, sprach ich kein Wort. Aber als Peg sich dann schwerfällig eine sanfte Steigung hinaufmühte, zog Mifflin plötzlich ein Buch aus der Tasche und begann laut zu lesen. Ich beobachtete den Fluss und wandte mich nicht zu ihm um, doch ich hörte genau zu:

»Rollende Wolken, tosender Wind und die sich drehende Sonne – das blaue Tabernakel des Himmels, der Kreislauf der Jahreszeiten, die glitzernde Vielfalt der Sterne – all das sind gewisse Teile eines rhythmischen, mystischen Ganzen. Überall, wenn wir unseren kleinen Geschäften nachgehen, müssen wir die Spuren eines gewaltigen Plans, den ordnungsgemäßen und unerbittlichen Lauf ohne Anfang und Ende wahrnehmen, in dem der Tod nichts als ein Vorspiel zu einer neuen Geburt und die Geburt die sichere Vorläuferin eines neuen Todes ist. Wir menschlichen Wesen sind unfähig, das Motiv oder die Moral all dessen zu begreifen, so wie der Hund unfähig ist, die Überlegungen seines Herrn zu verstehen. Er sieht die wohl- oder übelgemeinten Handlungen seines Herrn, und obgleich sie unergründlich für ihn bleiben, wedelt er mit dem Schwanz.

Und darum, Menschenbrüder, lasst uns leichten Herzens unseres Weges gehen. Lasst uns die Bronzefarbe der Blätter und das Brausen der Brandung preisen, solange wir Augen haben zu sehen und Ohren zu hören! Der Schüler, der die unaussprechlichen Schönheiten der Welt ehrlich bewundert, beweist seine Haltung. Lasst uns alle Schüler sein unter den Augen von Mutter Natur!«

»Wie gefällt Ihnen das?«, fragte er.

»Es ist ein bisschen schwer, aber sehr gut«, meinte ich. »Von dem großen Mysterium des Brotbackens ist freilich nicht die Rede.«

Er sah ziemlich verwirrt drein.

»Wissen Sie, wer das geschrieben hat?«, fragte er.

Ich machte einen tapferen Versuch, meine Literaturkenntnisse aus der Zeit als Erzieherin hervorzukramen.

»Ich geb's auf«, sagte ich schließlich schwach. »Carlyle?«

»Das ist Andrew McGill«, sagte er. »Eine seiner kosmischen Passagen, die langsam sogar Aufnahme in die Schulbücher finden. Der Bursche schreibt gut.«

Ich begann unsicher zu werden, und da ich einer literarischen Prüfung entgehen wollte, sagte ich nichts, sondern trieb Peg zu einer schnelleren Gangart an. Mir wäre es, ehrlich gesagt, lieber gewesen, der Professor hätte von seinem eigenen Buch erzählt, als Passagen von Andrew vorzulesen. Bis jetzt hatte ich mich stets vor Andrews Zeug gehütet, da ich es für ziemlich langweilig hielt.

»Was mich betrifft«, sagte der Professor, »so habe ich kein Talent für den ›großen Stil‹. Ich war immer felsenfest davon überzeugt, dass es besser ist, ein gutes Buch zu lesen, als ein schlechtes zu schreiben, und ich habe in meinem Leben so viel durcheinander gelesen, dass mein Kopf voller Stimmen und Gedanken bedeutenderer Männer ist, als ich es bin. Aber ich glaube, dieses Buch, über das ich jetzt nachdenke, verdient wirklich geschrieben zu werden, denn es wird etwas zu sagen haben!«

Er blickte fast sehnsüchtig über das sonnige Tal. Von hier aus war schon ein schmaler Streifen der Bucht zu sehen. Der Professor hatte seine verblichene Stoffmütze schief über das eine Ohr geschoben. Sein stoppeliger kleiner Bart leuchtete hellrot in der Sonne. Ich schwieg, um ihn nicht in seinen Gedanken zu stören. Er schien sich darüber zu freuen, mit jemandem über sein kostbares Buch sprechen zu können.

»Die Welt ist voll großer Schriftsteller, die über Literatur geschrieben haben«, meinte er, »aber sie sind alle egoistisch und arrogant. Addison, Lamb, Hazlitt, Emerson, Lowell – oder wie sie heißen –, sie halten die Liebe zu Büchern für ein kostbares Privileg weniger Auserwählter – sie schließen sich damit in ihr Lesezimmer ein, wo sie allein in der Nacht sitzen können, mit einer Kerze, einer Zigarre, einem Glas Portwein auf dem Tisch und einem Spaniel auf der Ofenmatte. Wer aber – und das ist es, was ich sagen will – ist je auf die Landstraßen hinausgegangen, um dem kleinen Mann Literatur ins Haus zu bringen? Je tiefer Sie ins Land vordringen, umso weniger und desto schlechtere Bücher finden Sie. Ich habe mehrere Jahre damit verbracht, gegen diese Hochburg des Verbrechens anzukämpfen, und bei den Gebeinen von Ben Ezra, ich glaube, ich habe niemals ein wirklich gutes Buch in einem Bauernhaus gefunden (die Bibel ausgenommen), das ich nicht selber hingebracht habe. Und was tun die Kulturbonzen, um das Volk lesen zu lehren? Es ist sinnlos, Bücherlisten für Farmer zu schreiben und meterhohe Bücherregale zusammenzustellen; man muss aufs Land gehen und die Leute selber besuchen, man muss ihnen die Bücher mitbringen, mit den Lehrern reden und die Herausgeber von Landzeitungen und landwirtschaftlichen Fachzeitschriften traktieren, man muss den Kindern Geschichten erzählen – ja, und wenn man es so macht, werden die guten Bücher anfangen, in den Venen der Nation zu zirkulieren. Es ist eine große Aufgabe, merken Sie sich das! Es heißt, den heiligen Gral in die abgelegenen Bauernhäuser zu tragen. Ich wollte, es gäbe tausend solcher Wagen wie diesen Parnassus. Und ich hätte nie von ihm gelassen, wenn ich es nicht tun müsste, um mein Buch schreiben zu können: Ich muss meine Gedanken notieren, in der Hoffnung, so auch andere auf den Parnassus-Pfad zu setzen. Auch wenn ich nicht glaube, dass es einen Verleger gibt, der es annehmen wird.«

»Versuchen Sie es mit Mr. Decameron«, sagte ich. »Er ist zu Andrew immer sehr nett gewesen.«

»Stellen Sie sich vor, was es bedeuten würde«, rief er mit einer weit ausladenden Handbewegung, »wenn irgendein reicher Mann einen Fonds gründete, um etwa hundert Fuhrwerke wie dieses hier auszurüsten, damit in den ländlichen Gegenden Literatur verbreitet werden könnte! Es würde sich bestimmt bezahlt machen! Bei den Gebeinen von Webster! Ich war einmal bei einer Buchhändlerversammlung in irgendeinem Hotel in New York und erzählte dort von meinem Plan. Man lachte mich aus. Aber ich habe mehr Freude daran gehabt, in diesem Parnassus Bücher herumzukutschieren, als ich in fünfzig Jahren hätte haben können, wenn ich in einem Buchladen gehockt oder Unterricht gegeben oder gepredigt hätte. Sie ahnen nicht, wie schön das Leben ist, wenn Sie so die Landstraße entlangknarren. Schauen Sie nur, wie zum Beispiel heute die Sonne strahlt, wie rein die Luft ist und wie die Silberwolken schimmern. Dabei hatte ich die regnerischen Tage noch viel lieber. Da fuhr ich meistens an den Straßenrand, hielt den Wagen an, warf eine Gummidecke über Peg und zog mich mit Bock ins Wageninnere zurück, wo ich rauchte und las. Gewöhnlich las ich Bock laut vor: Wir brachten so Marryats *Seekadett Easy* hinter uns und einen Großteil von Shakespeare. Ja, Bock ist ein sehr gebildeter Hund. Und wir haben viel Seltsames in diesem Wagen erlebt.«

Die Straße von Shelby über das Hügelland nach Port Vigor wird nur wenig benutzt, da die meisten Häuser drunten im Tal liegen. Wenn ich das gewusst hätte, wären wir vielleicht den längeren und belebteren Weg gefahren, aber jetzt gefielen mir die herrliche Aussicht und die einsame Straße, die sich so weiß im Sonnenschein vor uns erstreckte. Wir fuhren sehr langsam weiter. Noch einmal hielten wir bei einem Haus, wo Mifflin einen weiteren Beweis seiner Kunst lieferte. Es gelang ihm, einer zänkischen Jungfer *Grimms Märchen* zu verkaufen, nachdem er ihr eingeredet hatte, dass es für sie die reine Freude wäre, ihren Neffen und Nichten daraus vorzulesen.

»Ach«, kicherte er, als er mir die schmutzige Vierteldollarnote gab, die er von ihr bekommen hatte,

»in dem Buch ist wahrhaftig nicht so viel Grimm wie in ihr!«

Später hielten wir bei einer Quelle am Straßenrand, um Peg zu tränken, und ich schlug vor, dort zu essen. Ich hatte in Shelby etwas Brot und Käse besorgt, und damit und mit ein bisschen Marmelade machten wir ausgezeichnete Sandwiches. Als wir dann wieder weiterzogen, rollte der Autobus, der nach Port Vigor fuhr, an uns vorbei. Nicht weit von uns entfernt hielt er an, setzte sich aber gleich darauf wieder in Bewegung. Ich sah eine mir sehr bekannte Gestalt auf uns zugehen.

»Na, jetzt schau ich gut aus«, sagte ich zum Professor, »dort kommt Andrew!«

SIEBTES KAPITEL

Andrew ist genau so dünn, wie ich dick bin, und es sieht reichlich komisch aus, wie die Kleider an ihm herunterhängen. Er ist sehr groß und ungelenk, hat einen zerzausten Bart und trägt meist einen breiten Strohhut. Im Sommer leidet er furchtbar an Heuschnupfen. (Sein Essay über Heuschnupfen ist auch – glaube ich – das Beste, was er je geschrieben hat.) Als ich ihn jetzt so auf uns zukommen sah, mit schlackernden Hosenbeinen, an denen der Wind zerrte, mit wehendem Bart und mit zornesrotem Gesicht, war ich irgendwie belustigt. Er sah so komisch aus!

»Der Weise sieht aus wie George Bernard Shaw«, flüsterte Mifflin.

Angriff ist die beste Verteidigung.

»Guten Morgen, Andrew«, rief ich ihm freundlich zu und hielt den Wagen an. »Willst du Bücher kaufen?« Andrew stand atem- und fassungslos vor uns.

»Was zum Teufel soll dieser Unsinn, Helen?«, fragte er ärgerlich. »Seit gestern versuche ich, dich einzuholen. Wer ist denn dieser – dieser Kerl da, mit dem du unterwegs bist?«

»Andrew«, erwiderte ich, »du vergisst deine gute Erziehung. Lass mich dir Mr. Mifflin vorstellen. Ich habe seinen Wagen gekauft und beabsichtige, während meines Urlaubs Bücher zu verkaufen. Und Mr. Mifflin befindet sich auf dem Weg nach Port Vigor, von wo er mit der Bahn nach Brooklyn will.«

Andrew sah den Professor an, ohne ein Wort zu erwidern. Seine hellblauen Augen, die jetzt förmlich glühten, verrieten mir, dass er sich wahnsinnig ärgerte, und ich ahnte, dass uns das Schlimmste noch bevorstand. Andrew ist nicht leicht in Wallung zu bringen, aber wenn es einmal so weit ist, kommt man nur schwer mit ihm aus. Und des Professors Temperament hatte ich schon ganz gut kennengelernt. Überdies hatte er, fürchte ich, durch meine Bemerkungen einige Vorurteile gegenüber Andrew – die sich natürlich nur auf ihn als meinen Bruder bezogen und nichts mit seiner ausgezeichneten Prosa zu tun hatten.

Jetzt ergriff Mifflin das Wort. Er hatte seine komische kleine Mütze abgenommen, und sein Kopf glänzte wie ein gepelltes Ei. Ein Ring kleiner Schweißtropfen umkränzte seinen kahlen Schädel.

»Mein lieber Herr«, sagte Mifflin, »die Vorgänge scheinen irgendwie ungewöhnlich, aber die Tatsachen sind einfach zu berichten. Ihre Schwester hat diesen Wagen samt Inhalt gekauft, und ich habe ihr meine Theorien über die Verbreitung guter Bücher erklärt. Sie als Mann der Literatur …«

Andrew beachtete den Professor überhaupt nicht, und ich sah, wie Mifflins blasse Wangen langsam rot wurden.

»Hör mal, Helen«, sagte Andrew, »glaubst du, ich lasse meine Schwester mit einem Vagabunden im Land herumstrolchen? Meine Güte, du solltest wirklich mehr Vernunft haben! Noch dazu in deinem Alter und bei deinem Gewicht! Als ich gestern nach Hause kam, habe ich deinen lächerlichen Zettel gefunden. Ich ging gleich zu Mrs. Collins – aber sie wusste von nichts. Dann suchte ich Mason auf, der sich nicht erklären konnte, wer sein Telefon ruiniert hatte. Das warst sicher du. Nun, er hat deinen Möbelwagen gesehen und brachte mich auf die Spur. Herrgott noch mal, ich hätte nie gedacht, dass auch noch vierzigjährige Frauen von – Zigeunern entführt werden!«

Mifflin wollte etwas sagen, aber ich bedeutete ihm zu schweigen.

»Einen Moment, Andrew«, sagte ich. »Du sprichst zu schnell. Eine vierzigjährige Frau (übrigens übertreibst du), die eine Gedichtsammlung von sechstausend Laib Brot zusammengetragen und dir gewidmet hat, verdient einige Höflichkeit. Wenn *du* ab und zu herumstreichen willst, zögerst du nicht, es zu tun. Aber von mir erwartest du, dass ich daheim bleibe und die Hühner hüte. Nun, ich habe genug davon. Das ist der erste, wirkliche Urlaub, den ich mir in fünfzehn Jahren genommen habe, und ich werde ihn so verbringen, wie es mir passt!«

Andrew öffnete den Mund, aber ich schüttelte meine Faust so überzeugend, dass er still blieb.

»Ich habe diesen Wagen für vierhundert Dollar von Mr. Mifflin gekauft. Das ist der Preis von ungefähr dreizehnhundert Dutzend Eiern.« (Das hatte ich mir, während Mifflin über sein Buch sprach, ausgerechnet.) »Es ist mein Geld, und ich werde es auch auf meine Art verwenden. Wenn du Bücher kaufen willst, Andrew McGill, kannst du mit mir darüber reden. Andernfalls aber werde ich weiterfahren. Wann ich wieder nach Hause komme, weiß ich nicht.« Ich reichte ihm eine von Mifflins kleinen Karten, die in einer am Wagen befestigten Tasche steckten, und griff nach den Zügeln. Ich war wirklich wütend, denn Andrew war unvernünftig und beleidigend gewesen.

Andrew sah auf die Karte und zerriss sie. Dann musterte er den Parnassus, dessen rote Beschriftung noch feucht war.

»Wahrhaftig«, sagte er, »du musst wirklich verrückt sein.« Und dann musste er plötzlich heftig niesen. Es war wohl ein letztes Zeichen seines Heuschnupfens, da immer noch Königskerzen in den Wiesen standen. Er hustete und nieste, und das machte ihn noch wütender. Schließlich wandte er sich Mifflin zu, der mit gerötetem Gesicht und großen Augen dasaß. Andrew verschlang ihn förmlich mit seinen Blicken. Er musterte des Professors schäbigen Rock, das aus seiner Tasche ragende Notizbuch, die Tasche unter seinen Füßen, ja sogar den Band *Glück und Heu*, der auf den Boden gefallen war und mit dem Rücken nach oben lag.

»Hören Sie zu – Sie …«, sagte Andrew. »Ich weiß nicht, mit welchen teuflischen Künsten Sie meiner Schwester diesen Trödlerwagen aufgeschwatzt haben; aber eines weiß ich: Wenn Sie ihr das Geld abgeschwindelt haben, dann werde ich dafür sorgen, dass Sie es mit dem Gericht zu tun kriegen!«

Ich wollte einlenken, aber Andrew hatte es schon zu weit getrieben. Der Professor war jetzt ebenso wild.

»Bei den Gebeinen von Piers Plowman«, rief er, »ich hatte erwartet, einen Mann der Literatur und den Autor dieses Buches kennenzulernen«, er hielt *Glück und Heu* in die Höhe –, »aber ich sehe, dass ich mich geirrt habe. Ich sage Ihnen, mein Herr, ein Mann, der seine Schwester vor einem Fremden beleidigt, ist ein Trottel und ein Dummkopf!« Bevor ich noch ein Wort sagen konnte, warf er das Buch die Böschung hinunter, sprang vom Kutschbock und lief um den Wagen herum.

»Hören Sie«, sagte er eindringlich, und sein kleiner, roter Bart sträubte sich, »Ihre Schwester ist volljährig und handelt nach ihrem eigenen, freien Willen. Bei den Gebeinen aller Heiligen, es ist kein Wunder, dass sie einen Urlaub verlangt, wenn Sie sie so behandeln! Sie ist mir nichts weiter, und ich bedeute ihr nichts, aber Sie können sich von mir belehren lassen. Wenn Sie die Hand heben, werde ich Ihnen eine Lektion erteilen!«

Das war zu viel für mich. Ich glaube, ich schrie laut auf und wollte vom Wagen hinunterklettern. Aber bevor ich irgendetwas unternehmen konnte, hatten die beiden Fanatiker schon zu raufen begonnen. Ich sah, wie Andrew wild ausholte und wie Mifflin ihn mitten aufs Kinn schlug. Andrews Hut fiel zu Boden. Peg stand gleichmütig da, aber Bock tat, als ob er nach Andrews Bein schnappen wollte. Ich sprang zu ihm und zerrte ihn fort.

Wir boten sicherlich ein seltsames Bild. Wahrscheinlich hätte ich die Hände ringen und dazu hysterische Anfälle kriegen sollen, aber ehrlich gesagt fand ich das Ganze so blöd, dass ich fast lachen musste. Gottlob war die Straße menschenleer.

Andrew war einen Kopf größer als der Professor, aber er war ungelenk und nicht eben muskulös, während der kleine Rotbart die Geschmeidigkeit einer Katze hatte. Außerdem war Andrew in seiner Raserei wie von Sinnen, während Mifflin die kalte Wut gepackt hatte, die immer siegt. Andrew landete ein paar wilde Schläge auf Brust und Schultern des anderen, aber nach dreißig Sekunden bekam er wieder einen Hieb aufs Kinn, dem einer auf die Nase folgte, sodass er zurücktaumelte und stürzte.

Andrew saß auf der Straße und angelte nach einem Taschentuch. Mifflin stand vor ihm und funkelte ihn verbissen an. Keiner sprach ein Wort. Bock riss sich von mir los, sprang zu Mifflin und tanzte vor seinen Füßen herum, als ob alles Spaß gewesen wäre. Es war ein außergewöhnliches Schauspiel.

Andrew stand auf und wischte sich seine blutende Nase ab.

»Potzblitz!«, sagte er. »Wegen dieses Schlages habe ich fast Respekt vor Ihnen. Aber, bei Jupiter, ich werde Sie anzeigen, weil Sie meine Schwester entführt haben! Sie sind mir ein schöner Halunke!«

Mifflin antwortete nicht.

»Sei kein Narr, Andrew«, meinte ich. »Verstehst du denn nicht, dass ich auch einmal etwas von der Welt sehen will? Geh nach Hause und back sechstausend Laib Brot, und wenn die fertig sind, bin ich längst wieder zurück. Ihr solltet euch schämen, euch in eurem Alter so aufzuführen! Ich fahre weiter, um Bücher zu verkaufen.« Damit kletterte ich auf den Kutschbock und schnalzte Pegasus zu. Andrew und Mifflin und Bock blieben auf der Straße zurück.

Jetzt war auch ich wütend. Wütend auf die beiden Männer, weil sie sich wie Schulbuben benommen hatten. Wütend auf Andrew, weil er so unvernünftig war – auch wenn ich ihn irgendwie bewunderte; wütend auf Mifflin, weil er Andrew die Nase blutig geschlagen hatte, und trotzdem würdigte ich den Geist, in dem es geschehen war. Ich war auf mich selbst wütend, weil ich diesen ganzen Wirbel verursacht hatte, und ich war wütend auf den Parnassus. Wenn eine passende Stelle zur Hand gewesen wäre, hätte ich die alte Kiste in den Abgrund gestoßen. Aber nachdem ich es so weit hatte kommen lassen, musste ich auch weitermachen. Langsam fuhr ich die Straße bergauf, und dann sah ich Port Vigor und den breiten, blauen Streifen des Meeres vor mir liegen.

Der Parnassus rumpelte gemütlich knarrend dahin, und die milde Sonne und die herbe Luft besänftigten mich bald. Ich begann im Wind das Salz zu schmecken und sah über den Wiesen zwei oder drei Seemöwen kreisen. Mein Ärger wich einem übertriebenen Zärtlichkeitsgefühl, und ich begann, beide – Andrew und Mifflin – in meinem Herzen zu loben. Wie schön war es, einen Bruder zu haben, der so besorgt um das Wohlergehen und den Ruf seiner Schwester war! Wie großartig aber war andererseits der kratzbürstige, kleine Professor gewesen! Wie rasch war er bereit gewesen, eine Beleidigte zu rächen, und wie kühn hatte er sich dabei verhalten! Seine sonderbare, kleine Stoffmütze lag neben mir auf dem Kutschbock, und ich war richtig gerührt, als ich sie in die Hand nahm. Das Futter war zerrissen. Ich holte Nähzeug aus der Tasche, befestigte die Zügel an einem Haken und begann zu nähen. Peg trabte ruhig weiter. Der Gedanke, was für ein seltsames Leben Mr. Mifflin in dieser Kulturkutsche geführt hatte, ließ mich wieder ein wenig lächeln. Ich stellte mir vor, wie er sich an den Kreis der Whitman-Jünger gewandt hatte, und fragte mich, wie der

Tumult wohl ausgegangen war. Ich stellte ihn mir in seinem geliebten Brooklyn vor, wie er durch den Prospect Park schlenderte und anderen Spaziergängern sein Evangelium der guten Bücher predigte. Wie sehr sich seine kriegerische Liebe zur Literatur von Andrews Abgeklärtheit unterschied. Und doch, wie viel hatten sie dabei gemeinsam! Ich musste daran denken, wie Mifflin mir laut aus *Glück und Heu* vorgelesen und es in höchsten Tönen gelobt hatte – ausgerechnet vor dem Boxkampf mit dem Verfasser, bei dem er ihm die Nase blutig schlug. Dann fiel mir ein, dass ich Andrew noch hätte erklären sollen, wie die Hühner zu füttern wären, und dass ich ihn noch einmal hätte darauf aufmerksam machen müssen, seine Winterwäsche anzuziehen. Was für hilflose Geschöpfe sind doch diese Männer!

Als die Kappe geflickt war, war ich wieder bester Laune.

Bald darauf hörte ich hinter mir auf der Straße schnelle Schritte, und als ich zurückblickte, sah ich Mifflin, der mir nacheilte. Bock trottete ruhig hinter ihm her. Ich hielt Peg an.

»Wo ist Andrew?«, fragte ich.

Der Professor sah ein wenig beschämt aus. »Der Weise ist ein starrsinniger Mensch«, meinte er. »Wir haben eine Weile ohne viel Erfolg miteinander gestritten und hätten uns beinahe wieder geprügelt, wenn er nicht abermals in eine Wolke von Königskerzenpollen hineingeraten wäre, die ihn zum Niesen brachten. Darauf begann seine Nase wieder zu bluten. Er ist davon überzeugt, dass ich ein Schurke bin, was er in seiner ausgezeichneten Prosa auch ausgesprochen hat. Ehrlich gesagt, ich bewundere ihn sehr. Ich glaube, er will mich anzeigen. Ich habe ihm meine Brooklyner Adresse gegeben, für den Fall, dass er der Sache nachgehen will. Dann habe ich ihn noch gebeten, mir in *Glück und Heu*, das im Straßengraben lag, ein Autogramm zu hinterlassen. Darüber dürfte er sich gefreut haben.«

»Na«, meinte ich, »Ihr seid ja zwei sonderbare Verrückte. Ihr solltet zum Theater gehen. Als Komikerduo. Hat er Ihnen das Autogramm gegeben?«

Er zog das Buch aus der Tasche. Mit Bleistift waren die Worte hineingekritzelt: »Ich habe für Mr. Mifflin Blut vergossen. Andrew McGill.«

»Ich werde das Buch mit neuerlichem Interesse noch einmal lesen«, erklärte Mifflin. »Darf ich jetzt wieder einsteigen?«

»Natürlich«, gab ich zurück. »Dort vorne liegt Port Vigor.«

Er setzte seine Mütze auf, bemerkte, dass sie irgendwie anders war, nahm sie wieder vom Kopf und sah mich dann überrascht an.

»Sie sind sehr gut zu mir, Miss McGill«, sagte er.

»Wohin ist Andrew gegangen?«, fragte ich.

»Nach Shelby«, antwortete Mifflin. »Er scheint sehr gerne so durchs Land zu wandern. Er hat sich plötzlich daran erinnert, dass er gestern Nachmittag Kartoffeln aufgestellt hat, und sagte, er müsse zurückgehen, um den Topf vom Feuer zu nehmen. Er sagte auch, er hoffe, Sie würden ihm ab und zu eine Postkarte schicken. Wissen Sie, er erinnert mich wirklich sehr an Thoreau.«

»Mich erinnert er an einen verbrannten Kochtopf«, sagte ich. »Ich glaube, mein Küchengeschirr wird sämtlich in einem grauenhaften Zustand sein, wenn ich wieder nach Hause komme.«

ACHTES KAPITEL

Port Vigor ist eine bezaubernde alte Stadt. Sie liegt auf einem Landvorsprung direkt an der Bucht, von dem man schon, wenn auch nur verschwommen, das Ende von Long Island sehen kann, das Mifflin gerade mit voller Hingabe betrachtete. Es schien ihn Brooklyn näher zu bringen. Einige Schoner kämpften sich in der frischen Brise die Bucht entlang, und ein köstlicher Salzgeschmack lag in der Luft. Wir fuhren direkt zum Bahnhof. Dort stieg der Professor vom Kutschbock, nahm seine Tasche und sperrte Bock in den Wagen, damit ihm der Hund nicht folgen könnte. Als der Professor dann, die Mütze in der Hand, neben das Rad trat, entstand eine verlegene Pause.

»Ja, also, Miss McGill«, sagte er, »um fünf Uhr geht ein Schnellzug, und mit etwas Glück werde ich noch heute Abend in Brooklyn sein. Die Adresse meines Bruders ist Abingdon Avenue 600. Ich hoffe, Sie werden auch mir eine Karte zukommen lassen, wenn Sie dem Weisen schreiben. Nach dem Parnassus werde ich sicher viel Heimweh haben, aber ich weiß ihn bei Ihnen in besserer Obhut als bei irgendjemand anderem, den ich kenne.«

Sichtlich gerührt verbeugte er sich sehr tief, und ehe ich ein Wort erwidern konnte, war er davongeeilt. Ich sah ihn noch sein Gepäck in den Bahnhof tragen, und dann war er verschwunden. Da ich jahrelang nur mit Andrew gelebt hatte, schien mir das Benehmen anderer Leute leicht eigenartig und fremd, aber dieser kleine Rotbart war wohl eines der seltsamsten Geschöpfe, denen man begegnen konnte. Bock jaulte traurig im Wagen. Ich hatte absolut keine Lust, in Port Vigor Bücher zu verkaufen, und so fuhr ich zu einem Teeladen, um eine Tasse Tee zu trinken und ein paar Toasts zu essen. Als ich wieder die Straße betrat, sah ich, dass sich eine Menschenmenge um den Parnassus versammelt hatte, teils weil der Wagen so sonderbar aussah, teils weil Bock so kläglich heulte. Die meisten Leute schienen zu vermuten, dass das Gefährt zu einem Wanderzirkus gehörte. Deshalb hob ich fast gegen meinen Willen die Klappen hoch, band Bock an ein Hinterrad des Wagens und begann die amüsanten Fragen der Schaulustigen zu beantworten. Zwei oder drei kauften dann auch Bücher, ohne dass ich sie dazu genötigt hätte, und es dauerte einige Zeit, bis ich wieder aufbrechen konnte. Schließlich schloss ich den Wagen und zog los, da ich Angst hatte, irgendwelche Bekannten zu treffen. Als ich in die Woodbridge Road einbog, hörte ich das Pfeifen des Fünfuhrzugs, der nach New York fuhr.

Die dreißig Kilometer lange Straße von der Sabine

Farm nach Port Vigor war mir völlig vertraut gewesen, aber jetzt kam ich, zu meiner Erleichterung, in eine Gegend, die ich noch nicht kannte. Bei meinen gelegentlichen Reisen nach Boston hatte ich immer in Port Vigor den Zug bestiegen, und so waren mir die Landstraßen hier fremd geblieben. Ich hatte diese Strecke gewählt, weil Mifflin von einem Farmer, Mr. Pratt, gesprochen hatte, der etwa sechs Kilometer außerhalb von Port Vigor an der Straße nach Woodbridge wohnte. Anscheinend hatte Mr. Pratt verschiedentlich Bücher gekauft, und der Professor hatte versprochen, ihn wieder zu besuchen. Ich fühlte mich verpflichtet, einem guten Kunden einen Dienst zu erweisen.

Nach den Erlebnissen der letzten zwei Tage empfand ich es direkt als Erholung, allein zu sein und in Ruhe über alles nachdenken zu können. Ich – Helen McGill – war wirklich in eine komische Situation geraten. Statt zu Hause auf der Sabine Farm zu sein und zu kochen, rollte ich als Besitzerin des Parnassus (wahrscheinlich des einzigen, der existierte), eines Pferdes, eines Hundes und einer Wagenladung Bücher eine mir unbekannte Straße entlang. Mein ganzes Leben war aus seiner gewohnten Bahn geworfen. Ich hatte vierhundert Dollar ausgegeben und Bücher im Wert von ungefähr dreizehn Dollar verkauft; ich hatte an einem Boxkampf teilgenommen und einen Philosophen kennengelernt. Ja, ich begann sogar selbst, eine neue, eigene Philosophie zu entwickeln. Und das alles nur, um Andrew davon abzuhalten, einen Haufen Bücher zu kaufen!

Nun, in dieser Hinsicht hatte ich immerhin Erfolg gehabt. Als ihm dann der Parnassus schließlich doch zu Gesicht gekommen war, hatte Andrews Blick nur Verachtung ausgedrückt. Ich ertappte mich bei der Frage, wie der Professor in seinem Buch auf den Zwischenfall anspielen würde, und ich hoffte, von ihm ein Exemplar zu bekommen. Aber schließlich – warum sollte er dieses Ereignis überhaupt erwähnen? Für ihn war es bloß eines unter tausend Abenteuern. Hatte er doch sogar zu Andrew gesagt, dass ich ihm und er mir nichts bedeute! Er konnte ja nicht ahnen, dass dies das erste Abenteuer war, das ich in den fünfzehn Jahren erlebte, in denen ich – wie nannte er es? – eine Gedichtsammlung zusammengetragen hatte. Dieses komische, kleine Pfefferkuchenmännchen!

Ich ließ Bock nicht von der Leine, da ich fürchtete, er würde nach seinem Herrn suchen. Die sinkende Sonne warf ein gleichmäßiges Licht über den Weg. Ich begann mich etwas einsam zu fühlen. Dieser Beruf eines vagabundierenden Einsiedlers war nach fünfzehn Jahren Haushaltsleben ein bisschen zu plötzlich gekommen. Die Straße führte die Bucht entlang, und ich beobachtete, wie das Meer ganz dunkelblau und schließlich purpurrot wurde. Die Brandung rauschte. Auf Long Island blitzte das Licht eines Leuchtturmes auf. Ich dachte an das kleine Pfefferkuchenmännchen, das im Schnellzug New York entgegenbrauste, und überlegte, ob er wohl einen guten Platz gefunden hatte. In einem Pullmansessel würde er sich nach dem harten Sitz auf dem Parnassus sicher sehr behaglich fühlen.

Langsam näherten wir uns einem Bauernhaus, das ich für Mr. Pratts Eigentum hielt. Es stand nahe der Straße, trug eine vergoldete Wetterfahne, auf der ein galoppierendes Pferd abgebildet war, und grenzte an eine große rote Scheune. Peg schien den Ort erstaunlicherweise wiederzuerkennen, denn er bog in die Toreinfahrt ein und wieherte laut. Es musste ein bevorzugter Halteplatz des Professors gewesen sein.

Durch ein Fenster konnte ich in einem hell erleuchteten Zimmer Leute um einen Tisch sitzen sehen. Anscheinend waren die Pratts beim Abendessen. Ich fuhr in den Hof. Jemand sah aus dem Fenster, und ich hörte eine Mädchenstimme:

»Vater – der Parnassus ist da!«

Das Pfefferkuchenmännchen musste auf dieser Farm ein willkommener Gast gewesen sein, denn ich hörte schnelles Stuhlrücken und Tellergeklapper, und dann stand die ganze Familie vor mir. Ein großer, sonnenverbrannter Mann in einem reinen Hemd ohne Kragen führte die Schar an, ihm folgten eine korpulente Frau – ungefähr von meiner Statur –, ein Knecht und drei Kinder.

»Guten Abend«, sagte ich. »Sind Sie Mr. Pratt?«

»Ganz genau!«, antwortete er. »Wo ist der Professor?«

»Auf dem Weg nach Brooklyn«, erklärte ich, »und ich hab den Parnassus übernommen. Der Professor hat mir aufgetragen, Sie zu besuchen. Da bin ich also!«

»Nein, so was«, rief Mrs. Pratt aus, »jetzt steht der Parnassus gar unter Weiberherrschaft! Ben, versorg die Tiere und den Wagen; ich sorge inzwischen dafür, dass Mrs. Mifflin noch etwas zu essen bekommt.«

»Einen Augenblick«, sagte ich. »Mein Name ist McGill – Miss McGill. Wie es auf dem Wagen steht. Ich habe Mr. Mifflin das ganze Zeug abgekauft. Es handelt sich also um eine Geschäftsübernahme.«

»Schon gut«, meinte Mr. Pratt. »Jeder Freund vom Professor ist uns willkommen. Schade, dass er nicht auch hier ist. Kommen Sie nur herein und essen Sie einen Bissen mit uns.«

Mr. und Mrs. Pratt waren auf jeden Fall gutmütige Leute. Er brachte Peg und Bock in die Scheune und gab ihnen zu fressen, während mich Mrs. Pratt in ihr einfaches Schlafzimmer führte und mir einen Krug mit heißem Wasser hinstellte. Dann wanderten wir alle ins Speisezimmer, und das Essen begann von neuem. Ich glaube, dass ich etwas von der ländlichen Küche verstehe, und kann Mrs. Beulah Pratt vorbehaltlos das Zeugnis ausstellen, dass sie eine 1a Hausfrau ist. Ihre warmen Semmeln sind vollkommen; sie kann einen richtigen Kaffee machen – das heißt, sie gießt ihn auf, so wie es sich gehört –, und die kalte Wurst und der Kartoffelsalat waren so gut wie nur irgendetwas, das Andrew jemals bekommen hat. Für mich ließ sie eine heiße Omelette machen, die sie mit selbst eingemachten Erdbeeren füllte. Die Kinder (zwei Buben und ein Mädel) saßen mit offenem Mund da und knufften einander heimlich. Mr. Pratt zog seine Pfeife hervor, während ich noch Birnenkompott und Schokoladenkuchen mit Sahne aß. Es war ein Festmahl. Dabei musste ich immer daran denken, was Andrew wohl essen würde und ob er das Nest hinter dem Holzstoß gefunden hatte, in das die rote Henne gewöhnlich ihre Eier legt.

»Nun«, sagte Mr. Pratt, als ich aufgegessen hatte, »erzählen Sie uns was vom Professor. Wir haben ihn schon im Herbst erwartet. Gewöhnlich kommt er zur Zeit des Apfelmosts vorbei.«

»Ich glaube, da gibt es nicht viel zu erzählen«, antwortete ich. »Er machte gestern bei unserem Haus halt und sagte, er wolle seinen Wagen loswerden. Und da hab ich ihm eben alles abgekauft. Er wollte unbedingt nach Brooklyn zurück, um dort ein Buch zu schreiben.«

»Sein Buch – ja, ja, davon hat er immer gesprochen«, meinte Mrs. Pratt, »aber ich glaube nicht, dass er es jemals begonnen hat!«

»Woher kommen Sie eigentlich, Miss McGill?«, erkundigte sich Pratt. Es war ihm anzusehen, wie sehr er sich über eine Frau wunderte, die mit einer Wagenladung Bücher allein im Land herumfuhr.

»Ich bin aus der Gegend von Redfield.«

»Sind Sie irgendwie mit dem Schriftsteller verwandt, der dort oben wohnt?«

»Meinen Sie Andrew McGill?«, fragte ich. »Das ist mein Bruder.«

»Was Sie nicht sagen!«, rief Mrs. Pratt. »Der Professor hält ja schrecklich viel von ihm. Er hat uns an einem Abend mit einem Buch Ihres Bruders alle in den Schlaf gelesen. Ich glaube, er hat gesagt, McGill wäre der beste Schriftsteller unseres Staates.«

Ich dachte an die Begegnung auf der Straße von Shelby und musste lächeln.

»Na«, meinte Pratt, »wenn der Professor in dieser Gegend irgendwelche besseren Freunde als uns hat, würde es mich freuen, sie kennenzulernen. Vor ungefähr vier Jahren ist er das erste Mal zu uns gekommen. Ich arbeitete gerade im Heu, als ich einen Schrei vom Mühlenteich her hörte. Ich hab sofort nachgeschaut, was los war, und sah ein paar Kinder mit den Armen winken. Ich lief den Hügel hinunter und kam gerade dazu, als der Professor meinen Sohn Dick aus dem Wasser zog. Dick, das ist der dort.«

Dick, ein kleiner, ungefähr dreizehn Jahre alter Junge, wurde unter seinen Sommersprossen rot.

»Die Kinder hatten auf einem Floß herumgetollt; Dick ist natürlich sofort ins Wasser gefallen, und ausgerechnet ins tiefe dort drüben beim Damm. Dabei hatte er vom Schwimmen keine Ahnung. Na, und der Professor, der grad zufällig mit seinem Omnibus vorbeikam, hat die Kinder brüllen gehört. Und da ist er sofort, flink wie ein Schimpanse, aus dem Wagen gehopst, über den Zaun geklettert, und, hast du nicht gesehen, in den Teich gesprungen, zu dem Jungen geschwommen und hat ihn herausgezogen. Ja, gnädige Frau, er hat das Leben dieses Burschen gerettet. Der Mann kann mich mit Gedichten in den Schlaf lesen, wann immer er will. Ein anständiges und tapferes Kerlchen, dieser Professor!«

Der Farmer zog heftig an seiner Pfeife. Augenscheinlich war seine Freundschaft zu dem wandernden Buchhändler ein fester Bestandteil seines Lebens.

»Ja, gnädige Frau«, fuhr er fort, »der Professor hat wie ein guter Freund gehandelt. Wir trugen ihn und den Jungen damals ins Haus. Der Bub war dreimal untergegangen, und der Professor musste tauchen, um ihn zu finden. Fast wären beide ertrunken! Ich kann Ihnen gar nicht sagen, wie mir zumute war. Aber irgendwie haben wir Dick wieder auf die Beine bekommen … wir haben ihn über ein Zuckerfass gerollt und Whisky in ihn hineingegossen, seine Arme bearbeitet und ihn in heiße Decken gewickelt. Nach und nach kam er zu sich. Und dann bemerkte ich, dass sich der Professor, als er so schnell über den Stacheldrahtzaun geklettert war (bevor er in den Teich sprang), ein Loch ins Bein gerissen hatte, dass Sie vier Finger hätten hineinlegen können. Seine Hose war ganz steif von Blut, aber er sagte nicht einen Ton. Wahrhaftig, er ist der tapferste Wicht weit und breit! Nun, dann haben wir auch *ihn* zu Bett gebracht, und dann fiel meine Alte in Ohnmacht, und dann haben wir *sie* in die Federn gelegt. Als der Doktor kam, hatte er also gleich drei zu behandeln. Das war ein toller Tag! Aber, meine Güte, den Professor konnten wir nicht lang im Bett halten. Am nächsten Tag ging er schon hinaus, um nach seinen Büchern zu sehen, und dann hat er uns alle um sich versammelt und predigte uns wie ein Evangelist gute Literatur. Ich glaube, wir sind alle bei seinen Gedichten eingeschlafen, und deshalb fing er an, uns diese Schatzinsel-Geschichte vorzulesen, nicht wahr, Mutter? Zum Teufel, dabei ist keiner von uns müde geworden. Er hat den Kindern die Freude am Lesen beigebracht, und Dick ist heute der beste Schüler seiner Klasse. Die Lehrerin sagt, sie hat noch nie einen Jungen gesehen, der so gern liest. Das alles hat der Professor für uns getan. Aber jetzt erzählen Sie ein bisschen von sich, Miss McGill. Gibt es irgendwelche guten Bücher, die wir lesen sollten? Ich wollte schon immer etwas von dem Burschen lesen, diesem Shakespeare, von dem mein Vater immer so viel geredet hat, aber der Professor meint, das gehe über meinen Verstand!«

Mir wurde ganz warm, als ich das alles über Mifflin zu hören bekam. Ich konnte mir gut vorstellen, wie das gebieterische Männlein die biederen Pratts mit seiner Beredsamkeit und seinem Ernst gefangen genommen hatte. Und die Geschichte vom Mühlenteich hatte mir auch was zu sagen. Klein-Rotbart war nicht bloß ein wandernder Phantast – er war ein richtiger Mann, der kühl und ruhig überlegte und sich, wenn es nötig war, wie ein Held benahm. Ich fühlte mich richtig zu ihm hingezogen, als ich mir sein komisches Auftreten in Erinnerung rief.

Mrs. Pratt machte in ihrem Franklin-Ofen Feuer, und ich zerbrach mir den Kopf, wie ich würdig in die Fußstapfen des Professors treten könnte. Schließlich holte ich *Das Dschungelbuch* aus dem Parnassus und las ihnen die Geschichte von Rikki-Tikki-Tavi vor. Als ich geendet hatte, entstand eine lange Pause.

»Sag, Vater«, meinte Dick schüchtern, »ist dieser Mungo nicht so ähnlich wie der Professor?«

Der Professor war eben in jeder Hinsicht der Held dieser Familie, und ich kam mir fast wie eine Betrügerin vor!

Ich glaube, es war dumm von mir, aber jedenfalls entschloss ich mich, noch in dieser Nacht nach Woodbridge weiterzufahren. Es konnten nicht mehr als sechs Kilometer sein, und es war erst knapp acht Uhr vorbei. Irgendwie ärgerte es mich, dass hier außer dem Professor niemand zählte. Die Pratts redeten von nichts anderem; ich aber wollte irgendwohin kommen, wo ich nach meinem eigenen Wert geschätzt würde und nicht bloß als seine Schülerin. »Verflixter Rotbart«, sagte ich zu mir, »ich glaube, er hat diese Leute verhext!« Trotz ihrer Proteste und Einladungen, die Nacht über zu bleiben, bestand ich darauf, dass Peg eingespannt wurde. Ich gab ihnen die Ausgabe vom *Dschungelbuch* als eine kleine Gegengabe für ihre Gastfreundschaft und verkaufte schließlich Mr. Pratt einen kleinen Band von Lambs *Geschichten von Shakespeare*, die er, wie ich meinte, lesen konnte, ohne eine Gehirnentzündung zu bekommen. Dann machte ich meine Laterne an, und nachdem die Pratts im Chor »Auf Wiedersehen« gerufen hatten, rollte der Parnassus weiter. Na, dachte ich, als ich wieder auf die Landstraße bog, dieser verdammte Rotbart scheint jedermann zu hypnotisieren … jetzt muss er schon fast in Brooklyn sein!

Es war sehr still auf der Landstraße und auch sehr dunkel, denn der Himmel hatte sich mit Wolken überzogen, und ich konnte weder Mond noch Sterne sehen. Da es aber eine Hauptstraße war, dachte ich nicht an irgendwelche Schwierigkeiten. Vermutlich bin ich dann eingeschlafen, während Peg einen falschen Weg nahm. Jedenfalls bemerkte ich ungefähr um halb zehn, dass der Parnassus auf einer viel holprigeren Straße unterwegs war, als die Landstraße hätte sein dürfen. Auch waren nirgends Telegraphenstangen zu sehen. Da ich wusste, dass sie die ganze Hauptstraße säumten, war mir klar, dass ich mich auf einem falschen Weg befand. Erst wollte ich mir den Irrtum nicht eingestehen, aber da stolperte Peg plötzlich und blieb dann stehen. Er nahm meine Ermahnungen nicht zur Kenntnis, und als ich abstieg, um mit meiner Laterne nachzuschauen, ob irgendetwas im Weg lag, sah ich, dass er ein Hufeisen verloren hatte und dass sein Fuß blutete. Wahrscheinlich hatte er sich einen Nagel eingetreten. Ich wusste keine andere Möglichkeit, als da die Nacht zu verbringen, wo ich gerade war.

Das war zwar nicht sehr angenehm, aber die Abenteuer des Tages hatten mich in einen stoischen Gemütszustand versetzt; ich sah nicht ein, warum ich mich ärgern sollte. Also spannte ich Peg aus und band ihn an einen Baum. Gerne hätte ich noch erkundet, wo ich mich befand, aber plötzlich begann es in Strömen zu regnen, und so kletterte ich in meinen Parnassus, ließ auch Bock herein und zündete die Laterne an. Jetzt war es bald zehn Uhr. Da ich nichts anderes tun konnte, zog ich mir die Schuhe aus und legte mich nieder. Bock machte es sich auf dem Boden des Wagens bequem. Ich wollte noch eine Weile lesen, deshalb löschte ich das Licht nicht, aber ich schlief fast augenblicklich ein.

Um halb elf wachte ich auf und machte die Laterne aus, durch die es im Parnassus sehr warm geworden war. Dann öffnete ich die kleinen Fenster an der Vorder- und Rückwand des Wagens und wollte auch die Tür öffnen, fürchtete aber, Bock könnte ausreißen. Es regnete immer noch ein wenig. Zu meinem

Ärger fühlte ich mich völlig ausgeschlafen. Ich lag eine Zeitlang still und hörte den Regentropfen zu, die aufs Dach prasselten – ein sehr anheimelndes Geräusch, wenn man sich warm und sicher fühlt. Dann und wann hörte ich Peg im Unterholz stampfen. Ich war fast wieder eingeschlafen, als Bock leise knurrte.

Keine Frau von meinem Umfang hat wohl das Recht, nervös zu sein, aber in dem Augenblick schwand meine Sicherheit. Das Prasseln des Regens schien mir bedrohlich, und ich musste an hundert schreckliche Dinge denken. Ich war vollkommen allein und unbewaffnet, und Bock war kein großer Hund. Er knurrte wieder, und mir lief es eiskalt über den Rücken. Ich bildete mir ein, das Geräusch schleichender Schritte in den Büschen zu hören, und einmal schien Peg zu schnauben, als hätte er Angst. Ich tastete mit der Hand nach Bock, um ihn zu streicheln, und merkte, dass ihm die Nackenhaare zu Berge standen. Er knurrte und winselte zugleich, und das klang so schauerlich, dass mich fröstelte. Jemand musste mit räuberischen Absichten um den Wagen herumstreifen, doch bei dem strömenden Regen konnte ich nichts hören.

Ich wusste, dass ich etwas tun musste. Aber ich hatte Angst hinauszurufen, da ich so verraten hätte, dass ich, eine Frau, allein im Wagen war.

Mein Hilfsmittel war absurd genug, aber immerhin befriedigte es meinen Wunsch zu handeln. Ich ergriff einen meiner Schuhe, klopfte damit kräftig auf den Boden und brummte mit der tiefsten und männlichsten Stimme, die ich herausbrachte: »Was zum Teufel ist da los?! Was zum Teufel ist da los?!« Ich muss zugeben, dass das jetzt sehr dumm klingt, aber damals verschaffte es mir Erleichterung. Und da Bock daraufhin zu knurren aufhörte, hatte es auf ihn wohl eine ähnliche Wirkung.

Ich lag noch lange wach und zitterte vor Nervosität. Schließlich begann ich ruhiger zu werden und war schon fast wieder eingeschlafen, als ich durch ein neues Geräusch aufgeschreckt wurde: Bock klopfte mit seinem Schwanz gegen den Boden. Ein sicheres Zeichen von Freude! Das verwirrte mich genauso wie sein Knurren. Ich wagte nicht, Licht zu machen, aber ich hörte, wie er an der Tür schnüffelte und eifrig winselte. Das schien mir sehr unheimlich, und wieder kroch ich leise von meiner Schlafstätte und klopfte energisch auf den Boden – diesmal mit der Bratpfanne, was ein schauerliches Geklirr verursachte. Peg wieherte und schnaubte, und Bock begann zu bellen. Trotz meiner Angst musste ich fast lachen. »Das klingt wie in einem Irrenhaus«, dachte ich. Dabei war der Aufruhr wahrscheinlich einfach durch irgendein kleines Tier verursacht worden. Vielleicht ein Kaninchen oder ein Stinktier, das Bock gewittert hatte und jagen wollte. Ich streichelte ihn und kletterte noch einmal auf meine Schlafstatt.

Aber meine größte Aufregung sollte erst kommen. Ungefähr eine halbe Stunde später hörte ich Schritte. Bock knurrte wütend, und ich wusste in meinem Schrecken nicht, was ich tun sollte. Irgendjemand rüttelte an einem der Räder. Und dann entstand der merkwürdigste Lärm. Die Schritte wurden schneller, Peg wieherte, und irgendetwas fiel schwer gegen den Wagen. Da draußen musste eine heftige Rauferei im Gange sein, jedenfalls waren Schläge und rasches Atmen zu hören. Mit pochendem Herzen spähte ich aus einem der hinteren Fenster. Draußen war es fast völlig dunkel, und ich konnte nur Schatten sehen, die sich auf dem Boden krümmten und wanden. Irgendetwas schlug gegen eines der Hinterräder, dass der Parnassus erzitterte. Ich hörte heiseres Fluchen, und dann rollte der ganze Körper, oder was immer es war, ins Unterholz. Es folgte ein schreckliches Krachen und Knacken. Bock knurrte und winselte und kratzte wie verrückt an der Tür.

Um diese Zeit hatte ich meine Nerven bereits restlos verloren. Ich glaube nicht, dass ich mich jemals seit meiner Kindheit, wenn ich aus einem Albtraum erwachte, so gefürchtet hatte. Angstschauer durchrieselten meinen Körper, und meine Kopfhaut juckte. Ich zog Bock auf die Schlafstelle und hielt ihn am Halsband. Er wollte sich ebenso wenig beruhigen. Schließlich jedoch seufzte er tief und schlief ein. Es war wohl ungefähr zwei Uhr früh; aber ich wollte kein Licht machen. Schließlich fielen auch mir wieder die Augen zu.

Als ich erwachte, strahlte bereits die Sonne am Himmel, und die Vögel zwitscherten ihr Morgenlied. Ich fühlte mich wie zerschlagen – hatte ich doch in den Kleidern geschlafen –, und mein Fuß, auf dem Bock den letzten Teil der Nacht verbracht hatte, war gefühllos geworden.

Ich stand auf und sah aus dem Fenster. Der Parnassus stand auf einem engen Weg in der Nähe einiger Birken. Der Boden war aufgewühlt, und hinter dem Wagen konnte ich Fußabdrücke erkennen. Ich öffnete die Tür und sah mich ein wenig um. Das Erste, was ich entdeckte, war eine zerdrückte Stoffkappe, die neben einem der Räder auf dem Boden lag.

NEUNTES KAPITEL

Meine Gefühle waren ebenso ungeordnet wie die Füllung eines Nussstrudels. Der Professor war also doch nicht nach Brooklyn gefahren! Warum aber war er mir wie ein Dieb nachgeschlichen? Hatte er nur Heimweh nach dem Parnassus? Nicht sehr wahrscheinlich. Und wie waren die schrecklichen Geräusche zu deuten, die ich in der Nacht gehört hatte? Wollte sich ein Landstreicher an mich heranmachen, um mich zu berauben? Hatte der Landstreicher Mifflin angegriffen oder Mifflin den Landstreicher? Und wer hatte den Kürzeren gezogen?

Ich hob die schmutzige Kappe auf und warf sie in den Wagen. Jetzt musste ich mich erst um meine eigenen Angelegenheiten kümmern. Über den Professor konnte ich auch später noch nachdenken.

Peg wieherte, als er mich sah. Ich untersuchte seinen Fuß. Bei Tageslicht war der Schaden leicht festzustellen. Er hatte sich ein langes, zackiges Stück Schiefer eingetreten. Ich konnte es leicht entfernen, wärmte dann etwas Wasser und wusch den Huf damit. Frisch beschlagen, dachte ich, würde wieder alles in Ordnung sein. Aber wo war das Hufeisen?

Ich gab dem Pferd etwas Hafer, kochte auf dem kleinen Petroleumofen ein Ei und eine Tasse Kaffee für mich und zerbröckelte einen Hundekuchen für Bock. Dabei bewunderte ich wieder einmal die zweckmäßige Einrichtung des Parnassus. Bock half mir, die Pfanne leer zu machen. Als ich ihm dann die Kappe zeigte, schnüffelte er aufgeregt daran und wedelte mit dem Schwanz.

Ich hielt es für das Klügste, den Parnassus und die Tiere hier zu lassen und zum Pratthof zurückzugehen. Sicher würde mir Mr. Pratt ein Hufeisen verkaufen und mir einen Mann mitgeben, der es befestigen konnte. So lange Peg nicht beschlagen war, durfte ich ihn jedenfalls nicht den Parnassus ziehen lassen. Um den Wagen selbst machte ich mir weiter keine Sorgen. Er schien auf einem sonst unbenützten Weg zu stehen, der zu einem verlassenen Steinbruch führte. Ich band Bock als Wache an ein Rad, nahm meine Geldbörse und die Kappe des Professors an mich, verschloss die Wagentür und machte mich auf den Weg. Bock winselte und zerrte an der Leine, als er mich weggehen sah, aber ich hielt es für besser, ihn beim Wagen zu lassen.

Nach ungefähr einem halben Kilometer traf der Seitenweg wieder auf die Landstraße. Ich musste wirklich geschlafen haben, denn sonst wäre ich doch niemals hier eingebogen. Warum Pegasus von seinem Weg abgewichen war, ist mir rätselhaft. Vielleicht suchte er nur einen günstigen Ruheplatz, da seine Wunde schmerzte. An das Übernachten im Freien schien er jedenfalls gewöhnt zu sein.

Während ich so die Straße entlangmarschierte, ließ ich all die Abenteuer, die ich erlebt hatte, noch einmal an mir vorüberziehen und beschloss, in Woodbridge eine Pistole zu kaufen. Ich erinnere mich auch, dass ich dachte, nun bereits selbst ein Buch schreiben zu können. Ich fühlte mich bereits wie ein abgebrühter Pionier. Ein anpassungsfähiger Mensch braucht nicht lange, um sich an eine neue Lebensweise zu gewöhnen, und die Arbeit auf der Farm war auf jeden Fall eintönig und prosaisch gegen das Herumreisen mit dem Parnassus. Wenn ich Woodbridge hinter mir gelassen und den Fluss überschritten hätte, würde ich den Buchhandel ernstlich beginnen. Außerdem wollte ich ein Notizbuch kaufen und meine Erlebnisse aufschreiben. Ich hatte schon davon gehört, dass sich auch Frauen als Buchhändler betätigen, aber ich meinte, dass meine Ansicht darüber wahrscheinlich einmalig sei. Vielleicht würde ich sogar etwas schreiben, das mit Andrews – oder sogar mit Mifflins Buch konkurrieren konnte. Und so wurden meine Gedanken wieder auf Barbarossa gelenkt.

Von allen außergewöhnlichen Leuten, dachte ich, ist er sicher der Außergewöhnlichste –, und als ich dann um eine Biegung kam, sah ich ihn vor mir auf einem Zaun sitzen. Sein kahler Kopf glänzte im Schein der Sonne. Mein Herz machte einen Sprung.

Ich glaube, ich hatte ihn schon richtig liebgewonnen. Er untersuchte gerade etwas, das er in der Hand hielt.

»Sie werden einen Sonnenstich bekommen«, sagte ich. »Hier ist Ihre Mütze.« Ich zog sie aus meiner Tasche und warf sie ihm zu.

»Danke«, sagte er ganz beiläufig. »Und hier ist Ihr Hufeisen. Ein glatter Tausch!«

Ich begann hellauf zu lachen, und er sah mich daraufhin, so wie ich gehofft hatte, ein wenig fassungslos an.

»Ich dachte, Sie sind schon in Brooklyn«, sagte ich, »Abingdon Avenue 600, und schreiben bereits an Kapitel Eins. Warum sind Sie mir denn eigentlich gefolgt? Sie haben mich heute Nacht zu Tode erschreckt. Ich bin mir wie eine von Fenimore Coopers Heldinnen vorgekommen, die in einem Blockhaus eingeschlossen ist, das von Rothäuten umschlichen wird.«

Er wurde rot und sah ganz verzweifelt drein.

»Ich muss mich entschuldigen«, sagte er, »ich wollte bestimmt nicht noch einmal von Ihnen gesehen werden. Ich hatte auch schon eine Fahrkarte nach New York, aber während ich auf den Zug wartete, sah ich ein, dass Ihr Bruder recht hatte und dass es eine verflixt riskante Angelegenheit für Sie wäre, allein mit dem Parnassus herumzuziehen. Ich hatte Angst, es könnte etwas passieren. Und so bin ich Ihnen eben gefolgt.«

»Wo haben Sie gesteckt, als ich bei den Pratts war?«

»Ich habe nicht weit weg vom Haus auf der Straße gesessen und Brot mit Käse gegessen«, sagte er. »Außerdem habe ich ein Gedicht geschrieben, und das tue ich sehr selten.«

»Ich hoffe, dass Ihnen wenigstens die Ohren geklungen haben«, warf ich ein, »denn die Pratts haben Sie geradewegs in den Adelsstand erhoben.«

Er war verlegener denn je.

»Tja«, meinte er, »es ist wohl ein Unsinn, was ich gemacht habe, aber ich *bin* Ihnen eben gefolgt. Als Sie in diesen Feldweg einbogen, war ich ganz dicht hinter Ihnen. Zufällig kenne ich dieses Stück Land und weiß, dass hier oft ein paar Gauner um den alten Steinbruch am Ende des Wegs herumstrolchen. Dort haben sie eine Höhle, in der sie ihr Winterquartier aufschlagen. Ich fürchtete, einer von ihnen könnte Sie belästigen. Sie hätten sich kaum einen schlechteren Platz zum Lagern aussuchen können. Bei den Gebeinen von George Eliot, Pratt hätte Sie warnen müssen. Ich verstehe auch nicht, warum Sie nicht in seinem Haus übernachtet haben.«

»Weil ich es nicht mehr hören konnte, wie alle Ihr Loblied singen!«

Ich merkte, dass er sich zu ärgern begann.

»Ich bedaure, Sie beunruhigt zu haben«, erklärte er. »Ich werde das Hufeisen, das Peg verloren hat, wieder anbringen und Sie dann nicht weiter belästigen.«

Wir gingen die Straße wieder zurück. Unterwegs fiel mir plötzlich seine rechte Gesichtshälfte auf. Unterhalb des Ohres war eine breite, bleifarbene Quetschung.

»Der Strolch – oder wer immer es war – muss ein besserer Boxer als Andrew gewesen sein. Anscheinend hat er einen Schwinger auf Ihrer Wange gelandet. Boxen Sie eigentlich oft?«

Sein Ärger schwand. Er schien einen Boxkampf wirklich genauso gern zu haben wie ein gutes Buch.

»Glauben Sie ja nicht, dass die letzten vierundzwanzig Stunden typisch für mein Leben sind«, sagte er lachend. »Ich bin es nicht gewohnt, Leibwächter zu spielen, und so nehme ich meine Rolle vielleicht etwas zu ernst.«

»Haben Sie heute Nacht überhaupt geschlafen?«, erkundigte ich mich. Erst jetzt wurde mir langsam klar, dass der galante kleine Kerl die ganze Nacht bei Regen im Freien verbracht hatte, nur um mir im Notfall beistehen zu können! Und wie hatte ich mich dafür benommen!

»Ich habe einen schönen Heuschober gefunden, von dem aus man den Steinbruch überblicken kann. In den bin ich hineingekrabbelt. Ein Heuschober ist manchmal bequemer als ein Hotelbett.«

»Ach«, sagte ich reumütig, »ich kann mir die Unannehmlichkeiten, die ich Ihnen verursacht habe, nicht verzeihen. Es war wirklich sehr nett von Ihnen, das zu tun, was Sie getan haben. Aber setzen Sie doch, bitte, Ihre Kappe auf, Sie werden sich sonst verkühlen.«

Wir gingen einige Minuten lang schweigend weiter. Ich beobachtete ihn aus den Augenwinkeln. An die Balgerei, die er mit dem Landstreicher gehabt hatte, mochte ich gar nicht denken. Er sah jetzt nämlich noch kleiner aus als sonst.

»Wie gefällt Ihnen das wilde Leben eines Buchhändlers?«, fragte er. »Sie müssen George Borrow lesen. Dem hätte der Parnassus gefallen.«

»Gerade bevor ich Sie traf, habe ich mir überlegt, ob ich nicht bereits selbst ein Buch über meine Abenteuer schreiben könnte.«

»Aber ja!«, erwiderte er. »Wir könnten es gemeinsam tun.«

»Es gibt noch etwas, was wir gemeinsam tun könnten«, warf ich ein, »und zwar: frühstücken. Sie haben heute doch bestimmt noch nichts gegessen.«

»Nein«, gab er zu. »Eigentlich nicht. Ich kann nicht lügen, wenn ich weiß, dass man mir nicht glaubt.«

»Ich habe auch noch nicht gefrühstückt«, erklärte ich. Ich dachte, einmal lügen wäre wohl das Wenigste, was ich tun könnte, um den kleinen Mann für seine Selbstlosigkeit zu belohnen.

»So«, meinte er, »und ich dachte, dass Sie schon längst ...«

»Hat da nicht eben Bock gebellt?«, fragte er abrupt.

Wir waren langsam gegangen und hatten noch nicht die Stelle erreicht, wo der Feldweg von der Landstraße abzweigt. Von dem Platz, an dem ich den Parnassus zurückgelassen hatte, waren wir noch ungefähr einen Kilometer entfernt. Wir lauschten beide, aber ich hörte nichts als das Singen der Telefondrähte.

»Was soll's«, sagte er. »Vielleicht habe ich mich getäuscht!« Aber ich bemerkte, dass er seine Schritte beschleunigte.

»Ich wollte sagen«, fuhr er fort, »dass ich heute früh den Parnassus wirklich für immer verlassen wollte, aber jetzt freue ich mich doch, ihn noch einmal zu sehen. Ich hoffe, er wird Ihnen ein genauso guter Freund sein, wie er es mir gewesen ist. Sie werden ihn doch sicher wieder verkaufen, wenn Sie zum Weisen zurückkehren, nicht?«

»Das weiß ich noch nicht«, gab ich zur Antwort. »Ich muss gestehen, dass ich noch immer schwanke. Meine Sehnsucht nach Abenteuern hat mich auf einmal in eine neue Welt geführt. Und langsam erkenne ich, dass hinter diesem Buchhandelsspiel doch mehr steckt, als ich anfangs dachte. Jetzt gehört das alles schon irgendwie zu mir.«

»Das ist ausgezeichnet«, sagte der Professor herzlich. »Ich hätte den Parnassus in keinen besseren Händen lassen können. Sie müssen mir schreiben, was

Sie damit machen, und vielleicht kann ich ihn – dann, wenn ich mein Buch beendet habe – zurückkaufen.«

Wir bogen in den Feldweg ein. Der Boden unter den Bäumen war schlüpfrig, und wir liefen hintereinander. Mifflin ging voran. Ich sah auf meine Uhr – es war neun. Genau vor einer Stunde hatte ich den Wagen verlassen. Als wir uns der Stelle näherten, starrte Mifflin mit merkwürdigen Blicken durch das Birkenwäldchen.

»Was ist los?«, fragte ich. »Wir müssen doch schon bald dort sein, nicht?«

»Wir *sind* schon da«, sagte er. »Hier hat er gestanden.«

Der Parnassus war fort!

ZEHNTES KAPITEL

Ungefähr so lange, wie man braucht, um eine Kartoffel zu schälen, standen wir – also ich jedenfalls – fassungslos da. Es gab keinen Zweifel darüber, in welcher Richtung der Wagen fortbewegt worden war, da man die Spur der Räder deutlich sehen konnte. Der noch immer weiche Boden ließ etliche Fußspuren erkennen.

»Bei den Gebeinen von Polykarp«, rief der Professor aus, »diese Lumpen haben den Wagen gestohlen. Vermutlich wollen sie ihn sich als Schlafwagen herrichten. Wenn ich geahnt hätte, dass die mehr als einer sind, wäre ich nicht so weit weggegangen. Die brauchen eine Lektion!«

»Guter Gott!«, dachte ich. »Don Quichote ist im Begriff, ein neues Gefecht zu beginnen.«

»Sollten wir nicht lieber zurückgehen und Mr. Pratt holen?«, fragte ich.

Das hätte ich anscheinend nicht sagen sollen. Es brachte den feurigen, kleinen Mann nur noch mehr in Rage. Sein Bart sträubte sich. »Kommt nicht in Frage!«, sagte er. »Diese Burschen sind ja doch nur Feiglinge und Vagabunden; und sie können nicht weit sein; Sie sind doch nicht länger als eine Stunde fort gewesen, nicht wahr? Wenn die Bock irgendetwas getan haben, bei den Gebeinen von Chaucer, dann können sie sich auf was gefasst machen. Dachte ich mir doch, dass er es war, den ich bellen hörte.«

Er eilte den Feldweg weiter, und ich folgte ihm aufgeregt. Die Spur führte zwischen einer Böschung und einem Birkenwald den Hügel hinauf. Ich glaube, es war nicht mehr als ein halber Kilometer. Nach ein paar Minuten jedenfalls machte die Straße eine scharfe Biegung nach rechts, und wir konnten über einen nackten felsigen, vielleicht dreißig Meter hohen Abhang in den Steinbruch hinuntersehen. Und dort stand, an eine Seite der Felswand gezogen, unser Parnassus. Peg war eingespannt. Bock war nirgends zu sehen. Neben dem Wagen saßen drei übel aussehende Männer. Der Rauch eines kleinen Feuers stieg in die Luft. Anscheinend hielten sie sich an meiner Speisekammer schadlos.

»Bleiben Sie hinter mir«, sagte der Professor leise, »Die sollen uns auf keinen Fall sehen!« Er legte sich flach ins Gras und kroch an den Rand des Felsens. Ich folgte ihm auf die gleiche Art, und so konnten wir, ohne von unten entdeckt zu werden, den Steinbruch überblicken. Allen Anzeichen nach genossen die drei Landstreicher gerade ein hervorragendes Frühstück.

»Das ist ein ganz idealer Platz für diese Burschen«, flüsterte Mifflin. »Ich habe hier fast jedes Jahr solche

Strolche gesehen. Gewöhnlich beziehen sie gegen Ende Oktober ihr Winterquartier. Es gibt da einen alten, ausgesprengten Teil in diesem Steinbruch, der ihnen einen geschützten Schlafsaal bietet, und da man auf diesem Platz nicht mehr arbeitet, sind sie so lange ungestört, als sie nichts in der Nachbarschaft anstellen. Wir werden sie …«

»Hände hoch!«, erklang eine raue Stimme hinter uns. Ich sah mich um. Ein fetter, rotwangiger, gemein aussehender Kerl hielt uns mit einem glänzenden Revolver in Schach. Es war eine peinliche Situation. Der Professor und ich lagen in unserer ganzen Länge auf dem Boden. Wir waren ziemlich hilflos.

»Aufstehen!«, sagte der Landstreicher mit einer heiseren, ekelhaften Stimme. »Ihr habt wahrscheinlich geglaubt, dass wir keine Posten aufstellen, ha? Ich schätze, wir werden euch fesseln müssen, bis wir mit eurem Kristall-Palast abgezogen sind!«

Ich arbeitete mich auf die Beine, aber zu meiner Verwunderung blieb der Professor ruhig liegen.

»Stehen Sie auf, Euer Gnaden!«, sagte der Landstreicher nochmals. »Erheben Sie sich auf Ihre anmutigen Glieder, wenn ich bitten darf.«

Ich glaube, er dachte nicht daran, dass eine Frau ihn angreifen könnte. Ohne mich weiter zu beachten, beugte er sich nach vorne, als wolle er Mifflin am Kragen packen. Da hielt ich meine Chance für gekommen und sprang ihn von hinten an. Ich habe schon gesagt, dass ich eine schwere Person bin. Jedenfalls lag er sofort am Boden. Meine Zweifel, ob die Pistole wohl geladen sei, wurden prompt zerstreut, denn sie ging los wie eine Kanone. Es stand allerdings niemand davor, denn Mifflin war wie der Blitz auf den Beinen. Er packte den Schuft an der Kehle und schlug ihm die Waffe aus der Hand. Ich bückte mich und hob sie auf.

»Du Satansbrut!«, rief der tapfere Rotbart. »Du hast wohl geglaubt, du kannst uns einschüchtern? Miss McGill, Sie waren so flink wie die Jungfrau von Orléans. Bitte geben Sie mir den Revolver.«

Ich reichte ihm die Waffe, und er hielt sie dem Vagabunden vor die Nase.

»So«, sagte er. »Nimm den Fetzen vom Hals herunter.«

Der Fetzen war ein unglaublich schmutziges, altes, rotes Taschentuch. Der Landstreicher nahm es brummend und raunzend ab. Mifflin ließ mich die Pistole halten, während er die Handgelenke unseres Gefangenen zusammenband. Inzwischen hörten wir einen Ruf aus dem Steinbruch. Aufgeregt blickten die drei Vagabunden zu uns herauf.

»Sagen Sie diesen Ehrenmännern dort unten«, befahl Mifflin, als er die Hände des Landstreichers zusammenband, »dass ich sie wie Krähen abschieße, wenn sie sich irgendwie mausigmachen!« Seine Stimme war kalt und wild, und er schien völlig Herr der Lage zu sein. Ich fragte mich allerdings, wie wir mit den Vieren fertig werden sollten.

Der schmierige Gauner rief seinen Genossen im Steinbruch etwas zu, aber ich konnte nicht verstehen, was er sagte, da mich der Professor gerade bat, unseren Gefangenen weiter in Schach zu halten, während er sich im Birkenwäldchen einen Knüppel schlagen wollte. So stand ich also vor dem Burschen, den Lauf der Pistole auf seinen Kopf gerichtet, während Mifflin zurücklief.

Das Gesicht des Landstreichers bekam die Farbe der Unterseite eines scharf gebratenen Spiegeleis, als er in die Mündung seines eigenen Revolvers schaute.

»Hör'n Sie, gute Frau«, flehte er, »dieses Schießeisen geht verdammt leicht los! Richten Sie's woanders hin, oder Sie werden mich aus Versehen abknallen.«

Ich dachte, ein richtiger Schreck würde ihm nicht schaden, und ließ ihn nicht aus der Schusslinie.

Die Schurken im Steinbruch schienen zu verhandeln, was sie machen sollten. Ich weiß nicht, ob sie bewaffnet waren oder nicht, aber womöglich glaubten sie, dass wir mehr als zwei waren. Als Mifflin mit einem kräftigen Birkenknüppel zurückkam, drängten sie sich jedenfalls auf der niedrigeren Seite zum Steinbruch hinaus. Der Professor fluchte und sah aus, als ob er ihnen gerne nachsetzen wollte, tat es jedoch nicht.

»He du«, herrschte er den Landstreicher an, »marschier vor uns her in den Steinbruch! Los!«

Der fette Gauner ging zögernd voran. Wir mussten einen ziemlichen Umweg machen, um in den Steinbruch zu kommen, und als wir ankamen, hatten die anderen drei bereits das Weite gesucht. Ich war sehr froh darüber, denn der Professor hatte in den letzten vierundzwanzig Stunden genug Raufereien gehabt.

Peg wieherte laut, als er uns kommen sah, aber von Bock war nichts zu sehen.

»Wo ist der Hund, du Schwein?«, fragte Mifflin. »Wenn ihr ihm was getan habt, werdet ihr mit eurer eigenen Haut dafür bezahlen.«

Unser Häftling war vollkommen eingeschüchtert. »Nein, Boss, wir haben dem Hund nichts getan«, sagte er kriecherisch. »Wir wollten nur nicht, dass er bellt, das war alles. Er ist drinnen im Wagen.« Tatsächlich hörten wir jetzt aus dem Parnassus ein gedämpftes Kläffen und Winseln.

Schnell öffnete ich die Tür; Bock, dessen Kiefer mit einem Strick zusammengebunden waren, sprang heraus und machte, als er den Professor wiedersah, überschwängliche Versuche, seine Freude auszudrücken. Mir schenkte er nur wenig Beachtung.

»So«, sagte Mifflin, der die Schnauze des Hundes befreit hatte und ihn nun nur mit Mühe davon abhalten konnte, seine Zähne in die Waden des Gauners zu graben, »was machen wir jetzt mit diesem hervorragenden Mitglied der menschlichen Gesellschaft? Sollen wir ihn ins Gefängnis nach Port Vigor bringen, oder sollen wir ihn laufen lassen?«

Der Landstreicher begann so abscheulich zu jammern und zu flehen, dass es beinahe schon wieder lustig war. Der Professor schnitt ihm eilig das Wort ab.

»Ich sollte dir Handschellen anlegen«, sagte er. »Bist du der Phöbus Apollo, mit dem ich heute Nacht auf dem Feldweg gerauft habe? Bist du es gewesen, der um den Wagen herumgeschlichen ist?«

»Nein, Boss, das war Hasenscharten-Sam, so wahr mir Gott helfe, der war's. Er ist zurückgekommen, Boss, und hat erzählt, dass er mit einer Wildkatze gerauft hat. Wirklich, Boss, Sie haben ihn schwer getroffen! Eins seiner Augen ist jetzt Pudding! Nein, Boss, ich kann's beschwören, ich hab nichts damit zu tun gehabt.«

»Mir ist deine Gesellschaft zuwider«, erklärte der Professor, »und ich werde dich laufen lassen. Ich zähle bis zehn, und wenn du dann nicht aus diesem Steinbruch heraus bist, schieß ich! Und wenn ich dich noch einmal erwische, dann zieh ich dir bei lebendigem Leib das Fell über die Ohren. Jetzt mach, dass du fortkommst!«

Er schnitt das zusammengeknotete Taschentuch entzwei. Der Stromer brauchte keine weitere Aufforderung. Er drehte sich auf dem Absatz um und lief davon, so schnell er konnte. Der Professor beobachtete ihn, und als die fette, linkische Gestalt durch ein Gebüsch brach und verschwand, feuerte er einen Schuss in die Luft, um ihm noch mehr Angst einzujagen. Dann warf er die Waffe in den nahegelegenen Teich.

»So, Miss McGill«, sagte er mit einem Kichern, »wenn Sie das Frühstück machen wollen, werde ich inzwischen Peg in Ordnung bringen.« Damit zog er das Hufeisen wieder aus der Tasche.

Ich untersuchte den Parnassus kurz und stellte erleichtert fest, dass die Diebe keine Zeit gehabt hatten, wirklichen Schaden anzurichten.

Sie hatten die meisten Esswaren herausgeholt und diese, da sie anscheinend ein Festessen vorbereiten wollten, auf einem glatten Stein ausgebreitet. Sie hatten ziemlich viel Schmutz in den Wagen getragen, aber zu fehlen schien nichts. Es war daher nicht schwer für mich, eine Mahlzeit zuzubereiten, während Mifflin sich mit Pegs Huf beschäftigte. In dem kleinen Wandschrank fand ich noch ein paar Eier, etwas Brot und Käse und eine ungeöffnete Dose Kondensmilch, und über die Felswand sprudelte ein reiner Quell. Ich band Peg den Hafersack um, fütterte Bock, der wieder lustig herumtollte, und dann setzte ich mich mit dem Professor zu einem improvisierten Mahl. Langsam hielt ich dieses Zigeunerdasein schon für selbstverständlich.

»Na, Professor«, sagte ich, als ich ihm eine Tasse Kaffee und einen Teller mit Rührei und Käse gab, »für einen Mann, der in einem nassen Heuschober geschlafen hat, halten Sie sich überaus tapfer.«

»Der alte Parnassus ist ein ziemlich wilder Sturmvogel«, meinte er. »Ich habe immer geglaubt, die Hauptschwierigkeit beim Schreiben eines Buches läge darin, Dinge zu erfinden, die geschehen sollen. Aber wenn ich mich hinsetzen würde, um die Abenteuer niederzuschreiben, die ich mit ihm erlebt habe – so ergäbe das eine regelrechte Odyssee!«

»Was ist mit Pegs Huf?«, fragte ich. »Kann er wieder gehen?«

»Wenn Sie langsam fahren, schon. Das Eisen ist jedenfalls wieder drauf. Ich hab ein kleines Werkzeugkistchen unter dem Wagen – für Zwischenfälle aller Art.«

Es war kühl, und wir aßen schnell. Ich selbst nahm nur wenige Bissen zu mir, da ich ja vorher schon gefrühstückt hatte, und außerdem hatten mich die Ereignisse der letzten paar Stunden ziemlich aus der Ruhe gebracht. Ich wollte den Parnassus schnell wieder auf die Landstraße bringen, in der Sonne weiterfahren und mir die Dinge durch den Kopf gehen lassen. Der Steinbruch war auf jeden Fall ein unheimlicher Ort. Aber bevor wir loszogen, erforschten wir noch die Höhle, in der die Landstreicher bereits Vorbereitungen für ein gemütliches Winterquartier getroffen hatten. Es war keine richtige Höhle, sondern nur ein Schacht im Granitfelsen. Ein Vorhang von immergrünen Zweigen schützte die Öffnung vor dem Wetter, und drinnen waren Stöße von Sackleinen, die anscheinend als Betten benutzt worden waren, und viele alte Gemüsekisten, die als Tische und Stühle dienen sollten. Ich lachte, als ich auf einem Felsvorsprung ein Bruchstück eines alten Spiegels fand. Sogar diese Lumpenbrüder waren also auf ihr Aussehen bedacht. Ich ergriff die Gelegenheit, während der Professor noch einen letzten Blick auf Pegs Huf warf, mein Haar, das einen schauerlichen Anblick bot, in Ordnung zu bringen. Ich glaube kaum, dass Andrew mich an jenem Morgen erkannt hätte.

Wir führten Peg über den steilen Abhang zum Feldweg zurück, wo ich gelagert hatte, und schließlich und endlich kamen wir wieder auf die Hauptstraße. Hier begann ich, Rotbart meinen Standpunkt darzulegen.

»Jetzt hören Sie einmal zu, Professor«, sagte ich. »Ich lasse Sie auf keinen Fall den ganzen Weg nach Port Vigor zurückgehen. Nach der Nacht, die Sie gehabt haben, brauchen Sie Erholung. Sie werden jetzt sofort in den Parnassus hineinklettern und ein hübsches Nickerchen machen. Ich werde Sie nach Woodbridge fahren. Sie können auch dort in den Zug einsteigen. Also, jetzt marsch ins Bett. Ich werde hier draußen sitzen und kutschieren!« Er protestierte, aber ohne viel Nachdruck. Ich glaube, der kleine Narr war schon ziemlich müde – kein Wunder! Schließlich kletterte er brav in den Wagen, zog seine Schuhe aus und legte sich unter eine Decke. Bock folgte ihm, und ich glaube, die beiden schliefen zugleich ein. Ich stieg auf den Kutschbock und nahm die Zügel. Peg ließ ich nur ganz langsam gehen, da ich seinen wunden Fuß schonen wollte.

Ach, was war das für ein Morgen nach dem Regen! Die Straße verlief ziemlich nahe der Küste, und ich konnte manchmal das Wasser sehen. Die Luft war beißend – es war nicht die Luft, die wir gewöhnlich ein- und ausatmen, ohne darüber nachzudenken, sondern eine scharfe, prickelnde Essenz, die einem stechend wie Kampfer oder Salmiakgeist in die Nase stieg. Die Sonne schien alle ihre Strahlen auf den Parnassus zu konzentrieren, und so fuhren wir inmitten eines Bündels aus goldenem Licht. Die flachen Äste der Zedern schwangen leicht in der salzigen Luft, und zum ersten Mal seit zehn Jahren vielleicht begann ich in Gedanken Worte auszuwählen, um die Schönheit dieses Morgens zu beschreiben. Ich stellte mir sogar vor, wie ich einen Aufsatz darüber schreiben würde, als wäre ich Andrew oder Thoreau. Ich glaube, der verrückte, kleine Professor hatte mir seinen literarischen Floh ins Ohr gesetzt.

Und dann tat ich etwas Unanständiges. Zufällig steckte ich meine Hand in die kleine Tasche, die neben dem Kutschbock hing, in der Mifflin seine Karten aufgehoben hatte. Ich wollte nochmals einen Blick auf das Gedicht werfen; und da fand ich ein komisches, abgenutztes, kleines Notizbuch, das er anscheinend dort vergessen hatte. Auf dem Umschlag stand mit Tinte geschrieben: »Gedanken über die gegenwärtig Unzufriedenen«. Der Titel schien mir irgendwie vertraut zu sein. Er erinnerte mich an meine Schulzeit – vor mehr als zwanzig Jahren, heiliger Himmel! Natürlich hätte ich, wenn ich anständig gewesen wäre, das Büchlein nicht geöffnet. Aber in einer Art spitzfindiger Selbstentschuldigung sagte ich mir, dass ich den Parnassus mit allem Drum und Dran gekauft hatte und deshalb …

Das kleine Buch war voll kurzer Notizen; mit Bleistift in der kleinen, exakten Handschrift des Professors geschrieben. Die Worte waren verwischt und beschmutzt, aber doch gut zu erkennen. Ich las:

»Ich glaube nicht, dass sich Bock oder Peg einsam fühlen, aber ich, bei den Gebeinen von Ben Gunn, ich schon. Es ist vielleicht dumm von mir, wo doch Robert Herrick und Hans Christian Andersen, Thoreau und eine ganze Wagenladung anderer guter Burschen mit mir reisen. Ich kann sie alle erzählen hören, wenn wir so dahinrollen. Aber Bücher sind schließlich doch keine greifbare Welt, und hie und da dürsten wir auch nach irgendwelchen engeren, menschlicheren Beziehungen. Ich bin jetzt seit acht Jahren ganz allein, sieht man von meinem Bruder ab, der vielleicht gestorben ist, ohne es mir mitgeteilt zu haben. Dieses Wanderleben ist gewiss schön, aber einmal muss es doch ein Ende nehmen. Ein Mann muss Wurzeln schlagen, wenn er glücklich sein will.

Was für merkwürdige Opfer gegensätzlicher Sehnsüchte wir doch sind. Wenn ein Mensch sich an einem Ort niedergelassen hat, sehnt er sich zu wandern, wenn er aber wandert, sehnt er sich danach, ein Heim zu haben. Und dennoch, wie bestialisch ist die Zufriedenheit – alle großen Dinge im Leben werden von Unzufriedenen getan.

Es gibt drei Bestandteile des guten Lebens: lernen, verdienen und sich sehnen. Ein Mann muss sein Leben lang lernen, er muss Brot für sich und andere verdienen, und er muss sich auch sehnen: Er muss sich danach sehnen, das Unergründliche zu wissen.

Was für ein schönes, altes Gedicht ist *Die Flasche* von George Herbert! Diese elisabethanischen Burschen wussten, wie man schreibt! Sie waren vielleicht nur durch ihre Idee, dass Gedichte ›geistreich‹ sein müssen, gehemmt. (Man darf nicht vergessen, dass Bacon sagte: ›Gute Dichter lesen macht geistreich‹. Damit gab er einen Leitfaden für die Literatur seiner Zeit.) Ihre phantastischen Wortspiele und seltsamen Gedanken sind heute ziemlich aus der Mode. Aber, Herrgott: ›Das Wesentliche war in ihnen enthalten‹. Wie galant, wie ehrerbietig haben sie sich den Problemen des Lebens genähert!

Als Gott den ersten Menschen schuf (sagt George Herbert), hatte Er ein ›Gefäß voller Wohltaten neben sich stehen‹. Und Er goss alle Wohltaten über den Menschen: Kraft, Schönheit, Weisheit, Ehre, Freude – und dann zögerte Er, ihm das Letzte zu geben, die Ruhe, das heißt die Zufriedenheit. Gott wusste, dass der Mensch, wenn er zufrieden ist, niemals den Weg zu Ihm finden kann. Lasst den Menschen ruhelos sein, denn

> wenn Güte ihn nicht führt,
> mag Müdigkeit an Meine Brust ihn stoßen.

Einmal werde ich einen Roman über dieses Thema schreiben und ihn *Die Flasche* betiteln. In dieser tragischen, ruhelosen Welt muss es einen Ort geben, wo wir schließlich unseren Kopf betten und ausruhen können. Manche Leute nennen es Tod. Manche nennen es Gott.

Mein Ideal eines Menschen ist nicht der Omar, der diese traurige Welt in Stücke schlagen will, um sie dann nach seinen Vorstellungen neu zu formen. Der alte Omar mit seinem Seidenpyjama und seinem Glas Wein war ein Feigling. Der richtige Mann ist George Herberts Bursche, der alles anpackt, was immer auch auf ihn zukommt. Und wenn er nur Kohle in eine Esse zu schaufeln hat, dann balanciert er die Schaufel und wirft die Kohle genau aufs Feuer und verstreut sie nicht über den Boden. Wenn er Brennholz machen oder einen Pferdewagen lenken muss, macht er einen schönen, kunstvollen Beruf daraus. Wenn er nur ein Buch schreibt oder Kartoffeln schält, kann er sein Bestes dabei geben. Sogar dann, wenn er nur ein glatzköpfiger, alter Narr über vierzig ist, der Bücher auf der Landstraße verkauft, kann er eine Idealfigur daraus machen. Guter, alter Parnassus. Es ist ein großes Spiel … Ich glaube, ich muss ihn trotzdem bald aufgeben: Ich muss mein Buch endlich schreiben. Aber der Parnassus ist mir ein Gefäß voller Wohltaten gewesen.«

Es stand noch viel mehr in dem Notizbuch, es war ja halb voll mit hingekritzelten Sätzen, Gedächtnisstützen und Fetzen von schriftstellerischen Arbeiten – ich glaube, manches davon waren Gedichte –, aber ich hatte genug gesehen. Es schien, als wäre ich zufällig auf das rührende, brave und einsame Herz des kleinen Mannes gestoßen. Ich fürchte, ich bin eine banale Kreatur, unempfindlich gegen manche tieferen Dinge des Lebens, aber manchmal stehe ich, so wie jeder von uns, einer Sache gegenüber, die mich erschauern lässt. Ich sah, dass dieser kleine, rotbärtige Hausierer ein Stück Hefe in dem gewaltigen schweren Teig der Menschheit war: Er reiste herum und versuchte auf seine Art, seine Schönheitsideale zu erfüllen. Ich empfand ihm gegenüber fast mütterliche Gefühle. Ich wollte ihm sagen, dass ich ihn verstand. Andererseits aber schämte ich mich, dass ich vor meinen eigenen, häuslichen Pflichten davongerannt war und alles im Stich gelassen hatte: meine Küche, meinen Hühnerhof und meinen lieben, alten, jähzornigen, zerstreuten Andrew. Ich war plötzlich ernüchtert. Sobald ich allein bin, dachte ich, werde ich den Parnassus verkaufen und auf die Farm zurückkehren. Das war meine Aufgabe. Die Farm war mein ›Gefäß voller Wohltaten‹. Was tat ich hier nur? Wie konnte ich, eine dicke Frau mittleren Alters, mit einer Wagenladung von Büchern, die ich nicht verstand, die Straßen entlangzigeunern?

Ich steckte das kleine Notizbuch wieder in sein Versteck. Der Professor sollte nicht erfahren, dass ich es gesehen hatte. Ich wäre vor Scham gestorben.

ELFTES KAPITEL

Wir waren schon nahe Woodbridge, und ich überlegte gerade, ob ich den Professor wecken sollte, als das kleine Fenster hinter mir zurückgeschoben wurde und er seinen Kopf heraussteckte.

»Hallo!«, sagte er. »Ich glaube, ich habe ein wenig geschlafen.«

»Hoffentlich«, erwiderte ich. »Sie haben es auch nötig gehabt.«

Erleichtert stellte ich fest, dass er jetzt wirklich viel besser aussah. Ich hatte nämlich schon befürchtet, dass er krank geworden sei, nachdem er die ganze Nacht im Freien verbracht hatte; aber er war wohl zäher, als ich annahm. Er kam zu mir auf den Kutschbock, und wir fuhren in die Stadt hinein. Während er zum Bahnhof ging, um sich nach den Zügen zu erkundigen, konnte ich etliche Bücher verkaufen. Hier kannte mich niemand, und so hatte ich keine Scheu, Mifflins Methoden nachzuahmen. Ich ging sogar noch weiter als er: Ich kaufte in einer Eisenhandlung eine große Tischglocke, mit der ich so lange läutete, bis sich eine ansehnliche Menge um den Wagen geschart hatte, dann hob ich die Klappen hoch und stellte meine Bücher zur Schau.

Bald darauf kam Mifflin zurück. Er musste bei einem Friseur gewesen sein, denn er sah sehr frisch aus. Außerdem hatte er sich einen sauberen Kragen und eine flotte, himmelblaue Krawatte gekauft, die ihm wirklich gut stand.

»Nun«, sagte er, »der Weise revanchiert sich für den Schlag auf die Nase. Ich bin auf der Bank gewesen, um Ihren Scheck einzulösen. Darauf haben sie nach Redfield hinüber telefoniert und dann abgelehnt. Anscheinend hat Ihr Bruder Ihr Konto sperren lassen. Es ist mir recht unangenehm; sie scheinen mich für einen Schwindler zu halten.«

Ich war wütend. Was für ein Recht hatte Andrew, so etwas zu tun?

»Dieser ungehobelte Kerl!«, wütete ich. »Was, um Himmels willen, soll ich tun?«

»Ich würde Ihnen vorschlagen, mit der Bank von Redfield zu telefonieren«, meinte er, »und die Anweisungen Ihres Bruders zu widerrufen: Das heißt, wenn Sie nicht glauben, dass Sie einen Fehler begangen haben. Ich will Sie nicht übervorteilen.«

»Unsinn!«, erklärte ich. »Ich werde mir von Andrew nicht meinen Urlaub verderben lassen! Aber so ist er immer: Wenn er sich etwas einbildet, ist er störrisch wie ein Maulesel. Ich werde nach Redfield telefonieren, und dann gehen wir hier gemeinsam zur Bank.«

Wir stellten den Parnassus am Hotel ab, und ich ging zum Telefon. Ich ärgerte mich sehr über Andrew und versuchte zuerst, mich mit ihm verbinden zu lassen. Aber Sabine Farm antwortete nicht. Dann rief ich die Bank von Redfield an und sprach mit Mr. Shirley. Shirley ist der Kassierer, und ich kenne ihn gut. Ich glaube, er erkannte meine Stimme, denn er machte keine Einwände, als ich ihm sagte, was ich wollte.

»So, und jetzt rufen Sie die Bank in Woodbridge an«, trug ich ihm schließlich auf, »und sagen den Leuten dort, sie sollen Mr. Mifflin das Geld geben. Ich werde mit ihm hingehen, um ihn zu identifizieren. Wird das in Ordnung gehen?«

»Vollkommen«, meinte er. Die falsche, kleine Schlange. Wenn ich nur geahnt hätte, was er ausbrütete!

Mifflin sagte, er könnte mit einem Zug um drei Uhr fahren. In einem kleinen Restaurant aßen wir einen Happen und gingen dann gemeinsam zur Bank. Wir fragten den Kassierer, ob er schon Nachricht aus Redfield habe.

»Ja«, antwortete er. »Wir haben gerade Nachricht bekommen«, und er sah mich recht sonderbar an.

»Sind Sie Miss McGill?«, fragte er.

»Ja.«

»Würden Sie einen Augenblick dort hineingehen?«, bat er höflich.

Er führte mich in ein kleines Empfangszimmer und ersuchte mich, Platz zu nehmen. Ich vermutete, dass er irgendein Dokument für mich zur Unterschrift holen wollte, und wartete daher ganz geduldig mehrere Minuten lang. Der Professor war beim Schalter des Kassierers stehen geblieben, wo er sein Geld bekommen sollte.

Ich wartete also einige Zeit, verlor aber schließlich die Lust, mir sämtliche Kalender der Lebensversicherungsunternehmen anzuschauen. Dann blickte ich zufällig aus dem Fenster. Und da sah ich den Professor, der gerade mit einem anderen Mann um die Ecke verschwand.

Ich ging zum Schalter des Kassierers zurück.

»Was ist los?«, fragte ich. »Ihre Mahagonimöbel sind gewiss reizend, aber ich habe genug von ihnen. Muss ich hier noch lange warten? Und wo ist Mr. Mifflin? Hat er sein Geld bekommen?«

Der Kassierer war ein schrecklicher Kerl mit Koteletten.

»Es tut mir leid, dass Sie warten mussten, gnädige Frau«, sagte er. »Die Transaktion ist gerade abgeschlossen worden. Wir haben Mr. Mifflin gegeben, was ihm gebührte. Sie brauchen nicht mehr länger zu warten.«

Mir kam die Sache merkwürdig vor. Der Professor würde doch nicht gehen, ohne sich zu verabschieden! Aber dann sah ich, dass es bereits drei Minuten vor drei war, und dachte, dass er sich wahrscheinlich hatte beeilen müssen, um den Zug noch zu erreichen. Und schließlich war er ja ein seltsamer, kleiner Mann …

Ich ging also ins Hotel zurück und musste mir dabei eingestehen, dass mir die plötzliche Trennung ziemlich naheging. Immerhin war ich froh, dass der kleine Mann sein Geld ordnungsgemäß erhalten hatte. Wahrscheinlich würde er aus Brooklyn schreiben, aber natürlich würde ich den Brief erst bekommen, wenn ich wieder auf der Farm war, denn er hatte ja keine andere Anschrift von mir. Allzu lang wollte ich ja auch nicht ausbleiben, doch im Moment dachte ich gar nicht ans Zurückkehren, da Andrew sich so scheußlich benommen hatte.

Ich fuhr den Parnassus auf die Fähre, und wir überquerten den Fluss. Ich fühlte mich verlassen und unbehaglich. Nicht einmal die luftige Fahrt übers Wasser machte mir Spaß. Bock winselte kläglich im Innern des Wagens.

Ich hatte bald herausgefunden, dass das Parnassieren um einiges an Reiz verlor, wenn man dabei allein war. Ich vermisste den Professor: Ich vermisste seine offene, unbekümmerte Art, die Dinge beim Namen zu nennen, und seinen schrulligen Humor. Und ich ärgerte mich darüber, dass er ohne ein Wort des Abschieds gegangen war. Das passte gar nicht zu ihm. Meine Laune besserte sich erst ein wenig, als ich bei einem Bauernhaus jenseits des Flusses haltmachte und ein Kochbuch verkaufte. Dann fuhr ich auf der Straße nach Bath weiter. Bis dorthin waren es noch ungefähr sieben Kilometer. Peg schien keine Schmerzen mehr zu haben, und daher hielt ich es für besser, weiterzufahren und erst in Bath zu übernachten. Ich zählte die Tage (das war nicht leicht, denn es schien mir, als ob ich schon einen Monat von zu Hause weg wäre) und kam darauf, dass es Samstagabend war. Ich hielt es für das Beste, den Sonntag über in Bath zu bleiben und mich richtig auszuruhen. Während wir so langsam dahinfuhren, holte ich Thackerays *Jahrmarkt der Eitelkeit* hervor und vertiefte mich so in die Geschehnisse, dass ich die Lektüre nicht einmal unterbrechen mochte, um in den Häusern, an denen wir vorbeikamen, Bücher zu verkaufen. Das Lesen guter Bücher macht bescheiden, glaube ich. Wenn man durch ein wirklich gutes Buch wunderbaren Einblick in die menschliche Natur gewinnt, dann kommt man sich ganz klein vor – so, wie wenn man in einer klaren Nacht zum Sternenhimmel aufblickt oder im Winter die Sonne aufgehen sieht oder am Morgen in den Hühnerstall geht, um die Eier zu sammeln. Und alles, was dir das Gefühl gibt, ›klein zu sein‹, ist gut für dich.

»Was verstehen Sie unter einem wirklich guten Buch?«, sagte der Professor – ich meine, ich stellte mir vor, dass er es sagte. Ich konnte ihn direkt sehen, wie er, die Stummelpfeife in der Hand, neben mir saß und mich aufmerksam anblickte. Irgendwie hatten mich die Unterhaltungen mit dem Professor zum Denken angeregt. Sie waren für mich bestimmt besser gewesen als irgend so ein »brieflicher Fernunterricht«, und überdies brauchte ich kein Porto dafür zu bezahlen.

»Nun«, sagte ich zum Professor – das heißt zu mir selbst –, »versuchen wir es festzustellen; also: Was *ist* ein gutes Buch? Ich meine nicht solche Bücher wie die von Henry James (der ist Andrews großes Vorbild. Mir kam es aber immer vor, als ob ihm die Worte zu schnell in den Sinn kämen und er nie innehielte, um sie richtig auszuwählen). Ein gutes Buch sollte etwas Einfaches an sich haben. Und wie Eva sollte es von irgendwoher aus der Nähe der dritten Rippe kommen: Es muss ein Herz in ihm schlagen. Eine Geschichte, die nur geistreich ist, zählt nicht allzu viel. Das war Henry James' Problem. Andrew sprach so viel von ihm, dass ich eines seiner Bücher nahm und es in unserem Nähzirkel in Redfield vorlas. Nun ja, nach dem ersten Versuch ließ ich es wieder bleiben.

Ich habe nicht fünfzehn Jahre lang eine Farm in Schuss gehalten, ohne eine Idee vom Leben – und sogar von Büchern zu bekommen. Ich will meine Ansichten über Literatur nicht mit den Ihren vergleichen, Professor« – in meinen Gedanken sprach ich immer noch mit Mifflin –, »nein, nicht einmal mit denen von Andrew – aber, wie ich schon sagte, ich habe eben ein paar eigene Gedanken. Ich habe gelernt, dass es auf die ehrliche Arbeit ankommt, beim Bücherschreiben genauso wie beim Tellerwaschen. Und ich glaube, dass Andrews Bücher doch irgendwie gut sein müssen, schon deshalb, weil er so ausführlich an jedem herumwerkt. Solange er seine literarische Arbeit wirklich ernst nimmt, verzeihe ich ihm, dass er ein schlechter Farmer ist. Ein Mann darf in allem nachlässig sein, wenn er bei *einer* Sache sein Bestes gibt. Ich glaube, es schadet weiter nichts, wenn ich von Literatur nichts verstehe, solange ich in der Küche als erste Kraft angesehen werde. Ja, das alles habe ich mir überlegt, während ich putzte und scheuerte und Staub wischte und aufwusch und das Mittagessen kochte. Wenn ich mich nur zehn Minuten lang hingesetzt hätte, um zu lesen, wäre mir die Katze an den Pudding gegangen. Keine Frau auf dem Lande hat, fürchte ich, zwischen Sonnenaufgang und Sonnenuntergang auch nur ein Viertelstündchen lang Zeit, sich niederzusetzen, wenn sie nicht mindestens ein Dutzend Dienstleute hat. Und niemand versteht etwas von Literatur, der nicht den größten Teil seines Lebens sitzend verbringt. Ja, so ist es.«

Die Pflege philosophischer Betrachtung war ein neues Erlebnis für mich. Peg trottete zufrieden dahin, und Bock, den ich an den Wagen angebunden hatte, lief nebenher. Ich las *Jahrmarkt der Eitelkeit* und dachte über alles Mögliche nach. Einmal stieg ich ab und hob ein paar scharlachrote Ahornblätter auf, die mir am Weg aufgefallen waren. Ich ärgerte mich über die vorbeifahrenden Autos, die Staub und Lärm machten. Aber ab und zu hielt einer der

Fahrer an, betrachtete neugierig meinen Wagen und bat mich alsbald, ihm einige Bücher zu zeigen. Ich lenkte Peg dann an den Straßenrand, schob die Wagenklappen hoch und unterhielt mich ein wenig. Dabei verkaufte ich auch zwei oder drei Bücher.

Als ich mich Bath näherte, zeigte meine Uhr bereits die Abendbrotzeit an. Ich hatte mich noch immer nicht an Mifflins Gepflogenheit gewöhnt, in Bauernhäusern zu übernachten, und deshalb wollte ich geradewegs in die Stadt zum nächsten Hotel. Den Sonntag über wollte ich dem Pferd eine Pause gönnen und zwei Nächte in Bath bleiben. Das Hotel Maisbrei sah sauber und altmodisch aus, und der Name gefiel mir. Ich ging also hinein. Es war eine Art erstklassiger Pension, in der viele alte Frauen herumsaßen. Man sah mich zwar irgendwie kritisch an, und ich dachte schon, man würde mich als Hausierer nicht aufnehmen; aber als ich einen neuen Fünfdollarschein auf den Tresen legte, wurde ich freundlich bedient. Ein Fünfdollarschein ist in Neuengland ein Adelsbrief.

Himmel, wie mir das Huhn in Rahmsauce und die Buchweizenkuchen mit Sirup schmeckten! Wenn man sonst immer nur Selbstgekochtes hat, dann ist eine Mahlzeit vom Herd eines anderen direkt ein Festschmaus! Nach dem Essen hatte ich gute Lust, mich in die Halle zu setzen und mir einen Schaukelstuhl und ein Heizkissen zu gönnen, aber dann erinnerte ich mich, dass ich die Tradition des Parnassus wahren musste. Meine Aufgabe war es nun, das Evangelium der guten Bücher zu predigen. Ich durfte nicht vergessen, dass der Professor niemals davor zurückgeschreckt war, seine Ideen zu verbreiten, und ich beschloss, mich seiner würdig zu erweisen.

Wenn ich an jenen Abend zurückdenke, kommt mir alles ziemlich verrückt vor, aber damals war ich von evangelistischem Eifer erfüllt. Wenn ich schon versuchte, Bücher zu verkaufen, dann wollte ich auch mein Vergnügen daran haben. Die meisten der alten Damen, die in der Halle herumhockten, strickten, lasen oder spielten Karten. Im Raucherzimmer konnte ich zwei vertrocknete Männer sehen. Mrs. Maisbrei, die Leiterin des Betriebes, saß an ihrem Tresen hinter einem Messinggitter, hielt einen Federkiel in der Hand und prüfte die Rechnungen. Ich dachte, dass es in diesem Haus, seit Walt Whitman seine *Grashalme* geschrieben hatte, sicher keine Aufregung mehr gegeben hatte. In einer Art Alles-oder-nichts-Stimmung beschloss ich, die Leute ein wenig aufzurütteln.

Im Speisezimmer hatte ich hinter der Tür eine riesige Tischglocke entdeckt. Die holte ich mir. Und als ich wieder in der großen Halle stand, begann ich, so kräftig ich meinen Arm nur schütteln konnte, zu läuten.

Zuerst hätte man es für Feueralarm halten können. Mrs. Maisbrei ließ vor Entsetzen ihren Federkiel fallen, und die Damen im Empfangssalon begannen wie Küchenschaben herumzurennen. In einer Minute hatte ich eine ganz ansehnliche Zuhörerschaft um mich versammelt. Jetzt war es an mir, mit meinen Worten die Aufmerksamkeit zu bannen.

»Freunde«, sagte ich (unbewusst die Geschäftstricks des Professors nachahmend), »die Glocke hier, die Sie gewöhnlich zur Tafel einlädt, ruft Sie jetzt zu einer literarischen Mahlzeit. Mit Erlaubnis der Direktion und mit der Bitte um Entschuldigung, Ihre Ruhe gestört zu haben, möchte ich einige Bemerkungen über den Wert guter Bücher machen. Ich sehe, dass etliche von Ihnen gerne lesen, vielleicht wird daher der springende Punkt von gemeinsamem Interesse sein!«

Sie starrten mich entgeistert an.

»Meine Damen und Herren«, fuhr ich fort, »Sie erinnern sich sicher alle an die folgende Anekdote von Abe Lincoln: Wenn Sie ein Bein einen Schwanz nennen, wie viele Schwänze hat dann ein Hund? Fünf, sagen Sie? Falsch! Weil, wie Mr. Lincoln gesagt hat, davon, dass man ein Bein einen Schwanz nennt …«

Ich glaube immer noch, dass das ein guter Anfang war. Trotzdem kam ich nicht weiter. Mrs. Maisbrei erwachte aus ihrer Trance, sauste aus ihrem Käfig und packte meinen Arm. Sie war vor Ärger ganz rot.

»So etwas!«, rief sie. »Nein, so etwas! … Ich muss Sie ersuchen, Ihre Rede woanders fortzusetzen. Wir nehmen prinzipiell keine Vertreter auf!«

Und innerhalb von fünfzehn Minuten hatten sie Peg eingespannt und mich gebeten, weiterzufahren. Und ich war von meinem eigenen Eifer so hingerissen, dass ich kaum protestierte. Noch ganz benommen fand ich mich im Hotel Rentier wieder, wo, wie mir versichert wurde, Geschäftsleute gern gesehene Gäste waren. Ich ging direkt auf mein Zimmer, legte mich auf den Strohsack und schlief sofort ein.

Das war meine erste und letzte öffentliche Rede.

ZWÖLFTES KAPITEL

Der nächste Tag war Sonntag, der sechste Oktober. Ich erinnere mich genau an das Datum.

Ich wachte so munter wie nur irgendeine von Robert W. Chambers' Heldinnen auf. Alle meine Zweifel und die Niedergeschlagenheit des vergangenen Abends waren geschwunden, und ich freute mich ehrlich über die Welt und über alles, was auf ihr war. Das Hotel erwies sich als armselige Unterkunft, aber auch diese Erkenntnis konnte mir die Laune nicht verderben. Ich nahm ein kaltes Bad in einer richtigen Land-Zinnbadewanne und aß dann Eier und Pfannkuchen zum Frühstück. Mit mir am Tisch saßen ein Vertreter, der Blitzableiter verkaufte, und verschiedene andere Handelsreisende. In unserer Unterhaltung bemühte ich mich, immer das zu sagen, was der Professor gesagt hätte, wäre er da gewesen, und tatsächlich fuhr ich damit recht gut. Die reisenden Herren behandelten mich bald ganz als eine der ihren und fragten interessiert nach meiner Branche. Ich beschrieb, was ich tat, und sie erklärten durchweg, dass sie mich um meine Freiheit beneideten und darum, unabhängig von den Zügen kommen und gehen zu können. Wir unterhielten uns lange, und fast ohne es zu wollen, begann ich eine Predigt über Bücher. Schließlich bestanden sie sogar darauf, sich Parnassus und Pegasus ansehen zu dürfen. Wir gingen alle in den Stall, wo der Wagen untergebracht war, und sie vertieften sich dort in meine Bücher. Im Handumdrehen hatte ich fünf Dollar eingenommen, obwohl ich am Sonntag eigentlich keine Geschäfte machen wollte. Aber ich konnte mich nicht weigern, ihnen das Zeug zu verkaufen, da sie alle ganz wild darauf zu sein schienen, etwas wirklich Gutes zu lesen zu bekommen. Einer der Herren sprach andauernd von Harold Bell Wright, doch ich musste zugeben, dass ich noch nichts von ihm gehört hatte. Der Professor hatte auch keines von seinen Werken auf Lager genommen. Was mich freute – also wusste der kleine Rotbart auch nicht *alles* über Literatur.

Danach hielt ich mit mir Zwiesprache, ob ich zur Kirche gehen oder Briefe schreiben wollte. Schließlich entschied ich mich zu Gunsten der Briefe. Als Ersten nahm ich mir Andrew vor. Ich schrieb:

Hotel Rentier – Bath,
Sonntagmorgen

Lieber Andrew!

Es scheint mir absurd, dass erst drei Tage vergangen sein sollen, seit ich die Sabine Farm verlassen

habe. Ehrlich gesagt habe ich in diesen drei Tagen mehr erlebt als in drei Jahren zu Hause.
Es tut mir leid, dass Du Dich mit Mr. Mifflin nicht verstanden hast, aber ich verstehe Deine Gefühle. Böse bin ich Dir nur deshalb, weil Du anscheinend versucht hast, mein Bankkonto sperren zu lassen. Dazu hattest Du kein Recht, Andrew. Ich habe Mr. Shirley angerufen und ihn gebeten, sich mit der Bank in Woodbridge in Verbindung zu setzen, damit Mr. Mifflin sein Geld bekommt. Mr. Mifflin hat mich nicht überredet, den Parnassus zu kaufen. Ich habe es aus eigenem, freien Willen getan, und zwar, damit Du die Wahrheit erfährst, Deinetwegen!
Ich habe ihn gekauft, weil ich Angst hatte, Du würdest ihn kaufen, wenn ich es nicht tue. Und ich wollte nicht bis Allerheiligen allein auf der Farm sein, während Du herumzigeunerst. Deshalb habe ich mich entschlossen, es selbst zu tun. Ich wollte wissen, was Du sagst, wenn Du das Haus allein in Gang halten musst. Ich habe es mir sehr schön vorgestellt, eine Zeitlang nicht an die Hauswirtschaft denken zu müssen und einmal selbst ein Abenteuer zu erleben.
Und jetzt, Andrew, muss ich Dir ein paar Anweisungen geben:

1. *Vergiss nicht, die Hühner zweimal täglich zu füttern und alle Eier zu sammeln. Auch hinter dem Holzstoß ist ein Nest, und einige von den*

Wyandotte-Hühnern haben ihre Eier immer unter das Kühlhaus gelegt.

2. *Lass Rosie nicht Großmutters blaues Porzellan anrühren, weil sie es sonst todsicher mit ihren dicken schwedischen Fingern zerbricht.*
3. *Vergiss nicht Deine wärmeren Unterhosen. Die Nächte fangen an, kühl zu werden.*
4. *Ich hab vergessen, die Nähmaschine abzudecken. Bitte mach das für mich, sonst verstaubt sie.*
5. *Lass den Kater in der Nacht nicht frei im Haus herumlaufen; er zerbricht immer was.*
6. *Schick Deine Socken und alles, was sonst gestopft werden muss, zu Mrs. McNally hinüber; sie soll das für Dich machen.*
7. *Vergiss nicht, die Schweine zu füttern.*
8. *Vergiss nicht, die Wetterfahne auf der Scheune zu reparieren.*
9. *Vergiss nicht, das Fass mit den Äpfeln zur Mostpresse zu schicken, sonst hast Du keinen Most, wenn Mr. Decameron uns im Herbst besuchen kommt.*
10. *Nur um die zehn Gebote vollzumachen, füge ich noch eines hinzu: Du könntest Mrs. Collins anrufen und ihr sagen, dass das Kaffeekränzchen nächste Woche bei jemand anderem stattfinden muss, weil ich nicht genau weiß, wann ich zurückkomme. Vielleicht bleibe ich noch vierzehn Tage aus. Das ist mein erster Urlaub seit langem, und ich will ihn richtig auskosten.*

Der Professor (ich meine Mr. Mifflin) ist nach Brooklyn gefahren, um an seinem Buch zu arbeiten. Es tut mir leid, dass Ihr beide auf der Landstraße wie ein paar Wilde aufeinander losgegangen seid. Er ist ein netter, kleiner Mann, und wenn Du ihn besser kennen würdest, gefiele er Dir.
Ich verbringe den Sonntag in Bath. Morgen fahre ich nach Hastings weiter. Obgleich es Sonntag ist, habe ich heute Bücher im Wert von fünf Dollar verkauft.

Deine Dich liebende Schwester
Helen McGill

P. S. Vergiss nicht, die Zentrifuge nach Gebrauch zu reinigen, sonst kommt sie in einen fürchterlichen Zustand.

Nachdem ich Andrew geschrieben hatte, wollte ich auch dem Professor ein paar Zeilen schicken. Ich hatte in Gedanken bereits einen langen Brief an ihn verfasst, aber als ich ihn dann zu Papier bringen wollte, fiel es mir plötzlich sehr schwer. Ich wusste nicht einmal, wie ich anfangen sollte. Ich dachte darüber nach, um wie viel schöner es wäre, wenn er selbst hier säße und ich zuhören könnte, während er erzählte. Und als ich die ersten paar Sätze schrieb, kamen ein paar von den Vertretern ins Zimmer.

»Ich dachte, Sie wollen vielleicht eine Sonntagszeitung«, sagte einer von ihnen.

Ich nahm die Zeitung mit einem Wort des Dankes und überflog die Schlagzeilen. Die hässlichen, schwarzen Buchstaben vor mir wurden plötzlich immer größer. Mein Herz krampfte sich zusammen. Ich fühlte, wie meine Fingerspitzen kalt wurden.

ENTSETZLICHES EISENBAHNUNGLÜCK AUF DER KÜSTENSTRECKE NACH NEW YORK

Offene Weiche bringt Schnellzug in voller Fahrt auf falsches Gleis. Zehn Tote und mehr als zwanzig Verletzte.

Die Buchstaben vor mir schienen so groß zu sein wie die einer Blockmalz-Reklametafel. Zitternd las ich die Einzelheiten. Der Schnellzug, der Providence am Sonntag um vier Uhr nachmittags verlassen hatte, war ungefähr gegen sechs Uhr bei Willdon über eine falsch gestellte Weiche gerast und mit einer Reihe leerer Güterwagen zusammengestoßen. Der Gepäckwagen wurde zertrümmert. Die Lokomotive hatte sich überschlagen und war dann einen Damm hinabgestürzt. Zehn Personen wurden dabei getötet … mir schwindelte. War das der Zug, mit dem der Professor gefahren war? Ich überlegte, wie er gefahren sein konnte. Er hatte Woodbridge mit einem Lokalzug um drei Uhr verlassen. Am Tag zuvor hatte er gesagt, dass der Schnellzug um fünf Uhr von Port Vigor abfahre … Wenn er nun in den Express umgestiegen wäre …

Starr vor Schrecken blieb mein Blick an der Totenliste haften. Ich überflog die Namen. Gott sei Dank, nein. Mifflin war nicht darunter. Dann sah ich den letzten Eintrag:

NICHT IDENTIFIZIERTER MANN
MITTLEREN ALTERS

Wenn das am Ende der Professor war?

Mir wurde plötzlich schwindlig, und zum ersten Mal in meinem Leben fiel ich in Ohnmacht.

Außer mir war, Gott sei Dank, niemand mehr im Zimmer. Die Handelsreisenden waren wieder hinausgegangen, und niemand hörte, wie ich vom Sessel rutschte. Ich kam jedoch sofort wieder zu mir. Mein Herz wirbelte wie ein rasender Kreisel. Zuerst wusste ich nicht, was los war. Dann fiel mein Blick wieder auf die Zeitung. Fiebrig las ich noch einmal den Bericht und dann auch, was ich vorher nicht beachtet hatte, die Namen der Verletzten. Ich fand keinen bekannten Namen … Aber die tragischen Worte »nicht identifizierter Mann« tanzten mir vor den Augen. Oh, wenn es der Professor war …

Wie eine Welle brach die Wahrheit über mich herein. Ich liebte diesen kleinen Mann. Ich liebte ihn, ich liebte ihn! Er hatte etwas Neues in mein Leben gebracht, und sein tapferes und ritterliches Verhalten hatte mein altes, fettes Herz erwärmt. Von einem unerträglichen Schmerz befallen, erkannte ich, dass ich mein Leben ohne ihn nicht mehr ertragen würde.

Und nun – was sollte ich tun?

Wie konnte ich die Wahrheit erfahren? Wenn er im Zug gewesen und bei dem Unglück nicht verletzt worden war, überlegte ich, dann hätte er mir sicher eine Nachricht zur Sabine Farm geschickt. Ja – das war eine Möglichkeit. Ich stürzte zum Telefon, um Andrew anzurufen.

Wie quälend langsam doch so eine Telefonverbindung zustande kommt, wenn Eile erforderlich ist! Meine Stimme bebte, als ich die Telefonistin um »Redfield 158 J« bat. Zitternd vor Nervosität wartete ich auf das vertraute Knacken am anderen Ende des Drahtes. Ich hörte, wie der Ruf in Redfield ankam und wie der Stöpsel zur Herstellung der Verbindung mit unserem Apparat in den Klappenschrank gesteckt wurde. In meiner Phantasie sah ich das Telefon an der Wand im alten Hausflur der Sabine Farm. Ich sah den dunklen Fleck an der Mauer, wo Andrew seinen Arm aufstützt, wenn er in den Apparat spricht, und die Stelle, auf die er rasch neue Telefonnummern kritzelt, die ich dann immer mit weichem Brot ausradiere. Ich konnte Andrew aus dem Wohnzimmer kommen und auf den Apparat zugehen sehen. Und dann sagte die Telefonistin kalt: »Teilnehmer antwortet nicht.«

Ich hoffe, die Qualen der nächsten Stunde nie wieder erleben zu müssen. Meiner sonst eher schroffen und zupackenden Art zum Trotz – in Zeiten der Not bin ich scheu wie ein Reh, und ich war entschlossen, meine Angst und meine Befürchtungen vor den wohlmeinenden Leuten im Hotel Rentier zu verbergen. Ich eilte zum Bahnhof, um ein Telegramm an die Adresse des Professors in Brooklyn zu schicken, aber das Postamt war bereits geschlossen. Ein Junge sagte mir, dass erst am Nachmittag wieder geöffnet würde. Von einem Drugstore rief ich dann die Auskunft in Willdon an und wurde schließlich mit irgendeinem Leichenbestatter verbunden, an den mich die Willdoner Telefonistin verwiesen hatte. Eine grässliche Stimme, die offenbar ans Beileidbekunden gewöhnt war, antwortete mir (haben Sie schon jemals mit einem Leichenbestatter telefoniert?), dass unter den Toten niemand mit dem Namen Mifflin sei, gab aber zu, dass eine Leiche immer noch nicht identifiziert war. Der Mann gebrauchte ein scheußliches Wort, das mich erschauern ließ; er sagte: »unkenntlich«. Ich legte auf.

Damals erkannte ich zum ersten Mal den Schrecken der Einsamkeit. Ich dachte an das Notizbuch des armen, kleinen Mannes, das ich gesehen hatte. Ich dachte an seine furchtlose und liebenswerte Art – an seine rührende, kleine Stoffkappe, an den fehlenden Knopf an seiner Jacke, an die stümperhafte Stopferei an seinem ausgefransten Ärmel. In einem quietschenden Parnassus mit dem Professor neben mir auf dem Kutschbock die Landstraßen entlangzurollen, war für mich der Inbegriff aller himmlischen Freuden. Er hatte den Glanz eines Ideals in mein eintöniges Leben gebracht. Und jetzt, jetzt hatte ich ihn für immer verloren? Ich war eine einsame, hilflose alte Frau geworden. In meiner Verzweiflung ging ich bis ans Dorfende und brach dort in Tränen aus.

Schließlich gewann ich meine Fassung wieder. Ich schäme mich nicht zu sagen, dass ich jetzt offen zugab, was ich vor mir selbst verborgen hatte: dass ich verliebt war – verliebt in einen kleinen, rotbärtigen Buchhändler, der mir großartiger erschien als Lohengrin. Und ich schwor, dass ich ihm, wenn er mich haben wollte, bis ans Ende der Welt folgen würde.

Ich ging ins Hotel zurück. Ich wollte noch einmal versuchen, Andrew an den Apparat zu bekommen. Mein Herz zitterte, als ich endlich hörte, dass der Hörer abgehoben wurde.

»Hallo?«, sagte Andrews Stimme.

»Oh, Andrew«, rief ich, »hier spricht Helen.«

»Wo bist du?« Seine Stimme klang beleidigt.

»Andrew, ist irgendeine – eine Nachricht von Mr. Mifflin gekommen? Gestern das Unglück – er hätte in dem Zug sein können – ich habe solche Angst … glaubst du, dass er – verletzt wurde?«

»Red nicht so dummes Zeug«, antwortete Andrew. »Mifflin sitzt, wenn du es genau wissen willst, in Port Vigor im Gefängnis!«

Das, was folgte, muss Andrew einigermaßen überrascht haben. Ich begann nämlich gleichzeitig zu lachen und zu weinen, und in meiner Aufregung hängte ich den Hörer ein.

DREIZEHNTES KAPITEL

Mein einziger Wunsch war, mich in einer dunklen Ecke zu verstecken und meinen Gefühlen freien Lauf zu lassen. Ich brachte mein Gesicht so gut es ging in Ordnung, verließ die Telefonzelle, schlich dann durch den Vorraum und glitt durch den Seitengang hinaus. Schließlich landete ich im Stall, wo der gute alte Peg vor der Krippe stand. Der angenehme, heimelige Geruch von Pferdeleibern und altem, ledernem Rossgeschirr rührte mich geradezu, und während sich Bock an meinen Knien rieb, legte ich meinen Kopf an Pegs Hals und weinte. Ich glaube, dass mich das dicke, alte Tier verstand. Es war genauso rundlich, bodenständig und im besten Alter wie ich und – liebte den Professor ebenfalls.

Plötzlich fielen mir Andrews Worte ein. Ich hatte sie in meiner großen Freude, da ich mich doch so erleichtert fühlte, erst gar nicht richtig bedacht, aber jetzt wurde mir ihre Bedeutung klar. »Im Gefängnis.« Der Professor im Gefängnis! So war also sein seltsames Verschwinden in Woodbridge zu verstehen. Shirley, diese kleine Bestie, musste aus Redfield angerufen haben, und als der Professor in die Bank von Woodbridge kam, um seinen Scheck einzulösen, hatten sie ihn umgehend verhaftet. Deshalb also war ich in das Mahagoni-Wartezimmer geführt worden! Sicher steckte Andrew hinter alldem. Dieser verblendete alte Narr! Mein Gesicht brannte vor Wut und Scham.

Erst jetzt erfuhr ich, was es heißt, wirklich zornig zu sein. Mir dröhnte der Kopf. Der Professor im Gefängnis! Der galante, ritterliche kleine Mann mit Strolchen und Dieben zusammengepfercht, unter dem Verdacht, ein Betrüger zu sein ... als ob ich nicht auf mich selbst aufpassen könnte! Für was hielten sie ihn denn? Für einen Mädchenhändler?

Ich beschloss, umgehend nach Port Vigor zurückzukehren. Wenn Andrew den Professor hatte einsperren lassen, konnte es nur aufgrund der Anklage sein, er habe mich betrogen. Dass er ihm auf der Straße von Shelby eine blutige Nase geschlagen hatte, konnte nichts damit zu tun haben. Wenn ich nun käme, um zu bezeugen, dass die Anklage zu Unrecht bestand, müssten sie Mifflin frei lassen.

Ich glaube, ich habe in Pegs Stall laut mit mir selbst gesprochen. Jedenfalls war der Stallknecht, der gerade in diesem Augenblick erschien, sehr überrascht, mich mit rotem Gesicht und sichtlich erregt dort zu finden. Ich fragte ihn, wann der nächste Zug nach Port Vigor gehe.

»Tja, gnädige Frau«, antwortete er, »es heißt, dass alle Lokalzüge eingestellt sind, bis die Strecke bei Willdon wieder frei ist. Da heute Sonntag ist, glaube ich nicht, dass Sie vor morgen früh einen Zug bekommen.«

Ich überlegte. Nach Port Vigor war es ja gar nicht so weit. Ein Wagen des örtlichen Fuhrbetriebs konnte mich leicht in ein paar Stunden hinbringen. Andererseits aber erschien es mir passender, dem Professor mit dem Parnassus zu Hilfe zu eilen, auch wenn es länger dauern würde. Denn obgleich der Gedanke, dass Andrew den Professor ins Gefängnis gebracht hatte, mich ärgerte und demütigte, so war ich doch auch heilfroh darüber. Angenommen, er wäre bei dem Zusammenstoß dabei gewesen? Der Weise von Redfield hatte also letzten Endes Vorsehung gespielt. Und wenn ich mich mit dem Parnassus gleich auf den Weg machte, konnte ich – na, bis Montag früh konnte ich auf jeden Fall in Port Vigor sein.

Die guten Leute im Hotel Rentier waren ehrlich überrascht über die Eile, mit der ich mein Mittagessen verschlang. Aber ich gab ihnen keine Erklärungen. Ich hatte weiß Gott andere Gedanken im Kopf und hätte es sicher nicht bemerkt, wenn sie mir statt Apfelsauce Schmierseife vorgesetzt hätten. Sie wissen doch, dass eine Frau nur einmal im Leben richtig liebt, und wenn sie das erst tut, wenn sie schon nahe der Vierzig ist – na, dann koste es, was es wolle! Als ich meine Laufbahn als Erzieherin begann, war ich fast noch ein Kind, und einer Gouvernante bieten sich nicht viele Gelegenheiten, Unfug zu treiben. Darum traf es mich jetzt umso härter. Das ist der Moment, in dem eine Frau zu sich selbst findet: wenn sie liebt. Es ist ganz egal, ob sie alt oder fett ist oder keinen Sinn für Romantik hat. Sie spürt das kleine Flattern unter ihren Rippen und fällt vom Baum wie eine reife Pflaume. Es kümmerte mich nicht, dass Roger Mifflin und ich möglicherweise ein ebenso seltsames Paar abgaben wie Doktor Johnson und seine Frau. Ich wusste nur eines: Wenn ich den kleinen roten Teufel wiedersähe, würde ich die Seine sein – wenn er mich denn wollte. Darum wird mir das alte Hotel Rentier in Bath immer heilig bleiben: Weil ich dort erkannte, dass mir das Leben noch etwas zu bieten hatte – etwas Besseres, als Champlain-Torteletts für Andrew zu backen.

Es war einer jener weichen, goldenen Tage, die in Neuengland im Oktober nicht selten sind. Jeder Farmer weiß, dass das Jahr eigentlich im März beginnt und Ende September oder Anfang Oktober seinen Höhepunkt erreicht. Und in diesen Tagen der höchsten Reife, bevor das Jahr sich wieder neigt, scheint die Welt wie im Traum stillzustehen. Ich kann das nicht so (wie Andrew) beschreiben, aber ich habe es viele Jahre lang jeden Herbst beobachtet. Ich erinnere mich, dass ich mich manchmal vor dem Abendessen über den Holzstoß lehnte, nur um den purpurroten Oktober-Sonnenuntergang zu betrachten. Ich konnte dabei das kurze Läuten von Andrews kleiner Schreibmaschinenglocke hören, wenn er in seiner Bibliothek arbeitete. Und dann versuchte ich, die Schönheit von alldem in mich aufzunehmen – und rannte zurück, um die Kartoffeln zu stampfen.

Peg zog den Parnassus frohgemut den Weg zurück. Ich glaube, er wusste, dass wir zum Professor fuhren. Bock rannte übermütig neben dem Wagen her. Und ich hatte viel Zeit zum Nachdenken. Auch darüber war ich froh, denn ich hatte vieles zu überlegen. Ein Abenteuer, aus reinem Spaß und bloßer Laune begonnen, hatte mich zur entscheidenden Wende meines Lebens geführt. Ich war wahrscheinlich romantisch und verträumt wie eine junge Henne, aber bei den Gebeinen von George Eliot, ich bedaure jede Frau, die nie Gelegenheit hatte, verträumt zu sein. Mifflin war im Gefängnis, gewiss – aber er hätte auch tot und – unkenntlich sein können! Mein Herz weigerte sich, ausschließlich traurig zu sein; denn immerhin war ich auf dem Weg, ihn aus der scheußlichen Haft zu erlösen. Ich fühlte mich der Jahreszeit verwandt, als ich das bronzefarbene und welke Blätterwerk am Straßenrand betrachtete. Da war ich in der höchsten Blüte meiner Weiblichkeit, knapp vor dem Herbst meines Lebens, und siehe!, durch die Gnade Gottes hatte ich meinen Herrn und Meister gefunden. Er hatte mich mit seinem Feuer entflammt und mir Mut gegeben. Ich fragte nicht, was mit Andrew, der Sabine Farm oder sonst irgendetwas in der Welt geschehen sollte.

Mein Heim und mein Herd war nun der Parnassus oder dort, wo immer Roger seine Zelte aufschlagen würde. Ich träumte davon, wie ich mit ihm in der Dämmerung die Brooklyn Bridge überqueren und die Wolkenkratzer betrachten würde, die sich von einem glühendroten Himmel abhoben. Ich nenne die Dinge gern beim richtigen Namen. Leim ist bei mir Leim, auch dann, wenn auf der Tube »Gummiarabikum« steht. Und so versuchte ich die Tatsache, dass ich verliebt war, auch gar nicht zu verschleiern. Im Gegenteil, ich sonnte mich in meinem Glück. Wie der Parnassus so die Straße entlangrollte und die scharlachroten Ahornblätter langsam durch die Oktoberluft schwebten, verfasste ich eine Art Choral, dem ich den Titel gab:

HYMNUS AUF EINE FRAU MITTLEREN ALTERS (DICK), DIE SICH VERLIEBT HAT

O Gott, ich danke dir, der du dieses große Abenteuer über meinen Weg gesandt hast. Wie dankbar bin ich, dem unfruchtbaren Lande der Altjungfernschaft entronnen zu sein und den Glanz einer Liebe zu sehen, die größer ist, als ich es bin. Ich danke dir, dass du mich gelehrt hast, dass das Leben auch noch anderes als Rühren und Kneten und Backen für mich bereithält. Selbst wenn er mich nicht liebt, bin ich doch ewig sein.

So oder ähnlich summte ich vor mich hin, als ich in der Nähe von Woodbridge an einem großen glänzenden Auto vorbeikam, das eine Panne hatte. Mehrere, allem Anschein nach gebildete und wohlhabende Leute saßen unter einem Baum, während sich ihr Chauffeur mit einem Reifen herumärgerte. Ich war so in Gedanken versunken, dass ich wahrscheinlich glatt weitergefahren wäre, wenn ich mich nicht plötzlich an den ersten Grundsatz des Professors erinnert hätte, jederzeit das Evangelium der Bücher zu predigen. Sonntag oder nicht Sonntag, ich dachte, Mifflin am besten damit ehren zu können, dass ich nach seinen Prinzipien handelte. So lenkte ich Pegasus an den Straßenrand und hielt an.

Ich bemerkte, wie sich die Leute überrascht einander zuwandten und irgendetwas zuflüsterten. Die Gesellschaft bestand aus einem älteren Herrn mit einem schmalen, abgearbeiteten Gesicht, einer korpulenten Frau, augenscheinlich seine Gattin, zwei jungen Mädchen und einem Herrn in einem Golfanzug. Das Gesicht des älteren Herrn kam mir bekannt vor, und ich überlegte, ob er nicht irgend so ein Dichter-Freund von Andrew war, dessen Foto ich gesehen hatte.

Bock stand neben dem Wagen und ließ seine lange Zunge aus dem Maul hängen. Ich dachte eben darüber nach, wie ich meine Rede beginnen sollte, als der ältere Herr ausrief:

»Wo ist der Professor?«

Ich begann zu begreifen, dass Mifflin tatsächlich eine bekannte Persönlichkeit war.

»Himmel«, sagte ich, »Sie kennen ihn auch?«

»Das will ich meinen«, erwiderte er. »Hat er mich doch im vergangenen Frühjahr wegen einer Subvention für Schulbibliotheken aufgesucht und dabei erklärt, nicht früher gehen zu wollen, als bis ich ihm versprochen hätte, das zu tun, was er wollte! Er hat dann bei uns die Nacht verbracht, und wir haben uns bis vier Uhr früh über Literatur unterhalten. Wo ist er jetzt? Haben Sie den Parnassus übernommen?«

»Nur für einige Zeit«, sagte ich. »Mr. Mifflin sitzt in Port Vigor im Gefängnis!«

Die Damen stießen kleine Schreie des Erstaunens aus, und der Herr selbst (ich hielt ihn für einen Schulrat oder etwas Ähnliches) schien nicht weniger verwundert.

»Im Gefängnis!«, wiederholte er, »ja weshalb denn, zum Donnerwetter? Hat er jemanden niedergeboxt, weil er Nick Carter gelesen hat? Das dürfte wahrscheinlich so das einzige Verbrechen sein, das er begehen könnte …«

»Mein Bruder glaubt, dass er mir vierhundert Dollar abgeschwindelt hat«, sagte ich, »und hat ihn deshalb angezeigt. Dabei kann der Professor nicht einmal einer Henne ein frisch gelegtes Ei abschwindeln. Ich habe den Parnassus aus freiem Willen gekauft. Jetzt fahre ich nach Port Vigor, um ihn herauszuholen. Und dann werde ich ihn bitten, mich zu heiraten – wenn er will.«

Der fein aussehende Herr – er hatte kurzes, graues Haar, das er aus seiner hohen, braunen Stirn zurückgebürstet trug – sah mich freundlich an. Mir fielen sein eleganter, dunkler Anzug und der fleckenlose Kragen auf. Das war ganz gewiss ein Mann mit guter Kinderstube!

»Nun, gnädige Frau«, sagte er, »jeder Freund des Professors ist auch unser Freund.« (Seine Gattin und die Töchter pflichteten ihm bei.) »Wenn Sie in unserem Wagen mitfahren wollen, um Ihren Auftrag schneller erledigen zu können, dann ist ein Platz für Sie frei. Bob wird den Parnassus gerne nach Port Vigor bringen. Unser Reifen wird bald geflickt sein.«

Der junge Mann stimmte zu, aber ich war, wie gesagt, entschlossen, den Parnassus selbst zu Mifflin zu fahren. Ich dachte, der Anblick seines Heiligtums wäre der beste Balsam für das Leid, das man ihm angetan hatte. Daher lehnte ich das Angebot dankend ab und erklärte die Situation ausführlicher.

»Schön«, sagte er, »dann lassen Sie mich auf andere Art helfen.« Er nahm eine Visitenkarte aus seiner Brieftasche und kritzelte etwas drauf. »Wenn Sie nach Port Vigor kommen«, sagte er, »dann zeigen Sie das im Gefängnis vor, und ich glaube nicht, dass Sie noch irgendwelche Schwierigkeiten haben werden. Zufällig kenne ich die Leute dort.«

Wir schüttelten einander die Hände, und frischen

Mutes fuhr ich nach dieser kleinen Unterbrechung weiter. Unterwegs sah ich mir die Karte, die ich bekommen hatte, näher an. Und dann wurde mir klar, warum mir das Gesicht des älteren Herrn so bekannt vorgekommen war. Auf der Karte stand:

RALEIGH STONE STAFFORD
Amtsgebäude, Darlington

Er war der Gouverneur des Staates!

VIERZEHNTES KAPITEL

Als der Parnassus die Anhöhe erreicht hatte und ich wieder den Fluss vor mir sah, musste ich lachen. Wie unterschied sich all das doch von dem, was ich als Mädchen unter Romantik verstanden hatte. Aber das war charakteristisch für mein ganzes Leben – es war immer voll einfacher, alltäglicher, oft auch ziemlich komischer Ereignisse gewesen, wiewohl ich doch die besten Vorsätze hatte, ernsthaft und intellektuell zu sein. Dann fiel mir der tragische Zusammenstoß bei Willdon wieder ein und all die Menschen, die jetzt Grund zur Trauer hatten, und ich war abermals den Tränen nahe. Ich fragte mich, ob der Gouverneur wohl gerade den Rückweg von Willdon antrat, nachdem er eine Untersuchung angeordnet hatte.

Auf seine Karte hatte er geschrieben: »Bitte lassen Sie R. Mifflin sofort frei und unterstützen Sie diese Dame mit Rat und Tat.« Ich sah mich daher vor keinen besonderen Schwierigkeiten, und dieses Bewusstsein trieb mich nur noch zu größerer Eile. Nach der Überfahrt mit der Fähre hielt ich kurz in Woodbridge, um zu Abend zu essen. Ich fuhr an der Bank vorbei, in der ich in dem kleinen Vorzimmer gewartet hatte, und dachte, wie schön es jetzt wäre, dem falschen, kleinen Kassierer eins mit der Peitsche zu versetzen. Ich dachte darüber nach, wie sie den Professor wohl nach Port Vigor transportiert haben mochten, und dann fiel mir ein – und dabei musste ich unwillkürlich lächeln –, dass es ausgerechnet an jenem Samstagmorgen gewesen war, an dem er den Landstreichern gedroht hatte, sie in eben jenes Gefängnis zu bringen. Bis heute zweifle ich nicht daran, dass der Professor in seiner philosophischen Art alles mit Fassung ertragen hatte.

Woodbridge war so ausgestorben wie jedes Landstädtchen am Sonntagabend. In dem kleinen Hotel, in dem ich zu Abend aß, wurde über nichts anderes als das Eisenbahnunglück gesprochen. Als ich dann aber zahlte, bemerkte der Besitzer den Parnassus im Hof.

»Das ist ja der Omnibus, den Ihnen der alte Hausierer angedreht hatte, nicht wahr?«, fragte er mit einem Seitenblick.

»Ja«, antwortete ich kurz.

»Und jetzt fahren Sie sicher zurück, um ihn zu verklagen, nicht?«, wollte er weiter wissen. »Recht so – der Kerl ist ja ein Teufel. Als der Sheriff ihm Handschellen anlegen wollte, hat er ihm ein blaues Auge geschlagen und ihm fast die Kinnlade zertrümmert. Wie so ein Wicht so frech sein kann!«

Mein tapferer, kleiner Boxer!, dachte ich und errötete vor Stolz.

Die Straße zurück nach Port Vigor schien mir

endlos. Ich wurde ein wenig nervös, als ich mich an die Landstreicher in Pratts Steinbruch erinnerte, aber mit Bock an meiner Seite auf dem Kutschbock hielt ich es für überflüssig, beunruhigt zu sein. Wir rumpelten langsam durch die Dunkelheit, vorbei an den tintenblauen Fichten, die beiderseits des Weges standen und über denen sich ein Streifen Sternenlicht wie ein Band hinzog, dann fuhren wir über die Wanderdünen, die hoch über dem Wasser aufragten. Auch der Mond war da, aber ich beachtete ihn nicht, denn ich war todmüde, fühlte mich so verlassen und sehnte mich nur danach, meinen kleinen Rotbart zu sehen. Peg war ebenfalls ermattet und schleppte sich nur schwerfällig weiter. Es muss gegen Mitternacht gewesen sein, als wir die roten und grünen Lichter auf den Signalmasten der Eisenbahn sahen, und ich wusste, dass wir kurz vor Port Vigor waren.

Ich entschloss mich, an Ort und Stelle zu lagern. Peg führte ich in ein Feld neben der Straße und band ihn an einen Zaun. Den Hund nahm ich zu mir in den Wagen. Zum Ausziehen war ich schon zu müde. Ich fiel auf mein Lager und zog mir die Decke über die Ohren. Dabei fiel irgendetwas mit lautem Knall hinter die Schlafstatt. Es war eine geschwärzte und verrauchte Stummelpfeife, die der Professor vergessen hatte. Ich steckte sie unter mein Kopfkissen – und dann schlief ich ein.

Montag, 7. Oktober. Wenn das der Roman von einem reizenden, schlanken, blauäugigen Mädchen wäre, wie anders müsste ich dann die Gefühle beschreiben, mit denen ich am nächsten Morgen erwachte. Aber da dies nur ein paar Seiten aus dem Leben einer dicken Hausfrau aus Neuengland sind, muss ich aufrichtig sein. Als ich aufwachte, war ich verdrießlich und verbittert. Der Tag war grau und kühl, Nebelfetzen stiegen von der Bucht auf, und das trostlose Kreischen der Seemöwen erfüllte die Luft. Ich war unglücklich, beunruhigt und mutlos. Ich sehnte mich danach, den Professor in meine Arme zu schließen, allein mit ihm im Parnassus zu sein und irgendeine schmale sonnige Landstraße entlangzufahren. Aber ich erinnerte mich seiner Worte: Ich bedeutete ihm nichts. Was, wenn er mich gar nicht liebte?

Ich ging über zwei Felder zum Strand hinunter, wo kleine Wellen gegen das Geröll schlugen, wusch mir Gesicht und Hände im Salzwasser, kehrte dann zum Parnassus zurück und kochte mir etwas Kaffee mit Kondensmilch. Auch Peg und Bock bekamen ein Frühstück. Aber erst, als ich Peg wieder eingespannt hatte, fühlte ich mich besser. Wir fuhren los. An der Stelle, wo die Bahn die Straße kreuzt, mussten wir warten. Ein Reparaturzug, der von Willdon zurückkam, rumpelte vorbei. Die Strecke war also wieder frei. Ich betrachtete die rußigen Männer auf den Wagen und zitterte bei dem Gedanken daran, welche Arbeit hinter ihnen lag.

Das Bezirksgefängnis von Vigor liegt ungefähr

einen Kilometer vor der Stadt. Es ist eine hässliche, graue Steinkaserne, die von einer mit Glasscherben gespickten Mauer umgeben ist. Froh darüber, dass es noch immer ziemlich früh am Morgen war und ich durch die Straßen fahren konnte, ohne jemandem zu begegnen, den ich kannte, erreichte ich das Tor in der Gefängnismauer. Hier vertrat mir eine Art Wächter den Weg. »Sie können nicht hinein, gnädige Frau«, sagte er. »Gestern war Besuchstag. Keine Besucher mehr bis nächsten Monat.«

»Ich *muss* hinein«, antwortete ich. »Sie haben einen Mann unter falscher Anklage drinnen.«

»Das sagen alle«, gab er ruhig zurück und spuckte über die halbe Straße. »Sie würden nicht glauben, dass irgendeiner unserer Kostgänger mit Recht hier sei, wenn Sie seine Freunde sprechen hörten.«

Ich zeigte ihm Gouverneur Staffords Karte, die ihn sichtlich beeindruckte. Er zog sich in ein Wachhäuschen an der Mauer zurück, um – wie ich glaube – zu telefonieren.

Bald war er wieder zurück.

»Der Sheriff sagt, er wird Sie empfangen, gnädige Frau. Aber diese Dynamitkiste werden Sie schon hier lassen müssen.«

Er schloss eine kleine Tür in dem riesigen Eisentor auf, ließ mich durchgehen und übergab mich einem Mann, der auf der anderen Seite der Mauer stand. »Bring die Dame zum Sheriff«, sagte er.

Einige von den Häftlingen des Gefängnisses mussten gute Gärtner geworden sein, denn die Anlagen sahen sehr gepflegt aus. Das saftig grüne Gras war gleichmäßig geschnitten. Daneben gab es freilich die üblichen Blumenbeete in besonders hässlicher Gestalt. Von weitem sah ich eine Anzahl Männer in gestreiften Anzügen einen Weg ausbessern. Mein Führer brachte mich zu einem reizenden Häuschen an einer Seite des Hauptgebäudes. Zwei Kinder spielten davor, und ich erinnere mich, dass mir der Gedanke kam, ein Gefängnis könne wohl kaum der rechte Ort sein, um Kinder großzuziehen.

Aber ich konnte mich mit diesem Problem nicht weiter beschäftigen. Ich sah an dem düsteren, grauen Gebäude empor. Hinter einem jener kleinen vergitterten Fenster musste der Professor sein. Ich hätte auf Andrew wütend sein sollen, aber irgendwie kam mir alles wie ein Traum vor. Dann wurde ich in den Vorraum der Villa des Sheriffs geführt, und eine Minute später stand ich vor einem stiernackigen Mann mit Schnauzbart.

»Haben Sie einen Häftling namens Roger Mifflin?«, fragte ich.

»Gute Frau, ich habe die Namen unserer Insassen nicht im Kopf. Wenn Sie ins Büro kommen wollen, werden wir nachsehen.«

Ich zeigte ihm die Karte des Gouverneurs. Er nahm sie und sah sie lange an, als erwartete er, dass die Worte, die darauf geschrieben waren, sich verändern oder verschwinden würden. Dann gingen wir über einen schmalen Rasen zum Gefängnistrakt. Dort überflog er in einem großen, kahlen Büro eine Kartei.

»Da ist er ja!«, sagte er. »Roger Mifflin; Alter: 41; Gesicht: oval; Gesichtsfarbe: rötlich; Haare: rot, aber nicht viele; Größe: 1,60 Meter; Gewicht, nackt: 60 kg; besondere Kennzeichen …«

»Das genügt«, unterbrach ich ihn, »er ist es. Weshalb ist er hier?«

»Schwebendes Verfahren. Die Anklage lautet auf versuchten Betrug an einer gewissen Helen McGill, ledig, Alter …«

»Unsinn!«, sagte ich. »Diese Helen McGill bin ich, und der Mann hat nie versucht, mich zu betrügen.«

»Anklage erhoben und Haftbefehl beantragt wurde in Ihrem Interesse von Ihrem Bruder, Andrew McGill.«

»Ich habe Andrew niemals ermächtigt, in meinem Interesse zu handeln.«

»Dann ziehen Sie also die Anklage zurück?«

»Natürlich«, erklärte ich, »ich hätte gute Lust, Andrew zu verklagen und *ihn* verhaften zu lassen.«

»Das ist recht außergewöhnlich«, sagte der Sheriff, »aber wenn es der Gouverneur so will, dann ist wohl alles in Ordnung. Den Haftbefehl kann ich aber nicht ohne eine schriftliche Anerkenntnis aufheben. Entsprechend den Gesetzen dieses Staates muss der nächste Verwandte für die gute Führung des Häftlings nach der Entlassung bürgen. Da es nun keinen nächsten Verwandten gibt …«

»Und ob es den gibt!«, sagte ich. »Ich bin die nächste Verwandte des Häftlings.«

»Wie meinen Sie das?«, fragte er. »In welchem Verwandtschaftsverhältnis stehen Sie denn zu diesem Roger Mifflin?«

»Ich beabsichtige, ihn, sobald ich ihn von hier wegkriege, zu heiraten.«

Er brach in schallendes Gelächter aus. »Gegen Sie kommt man nicht an«, meinte er schließlich, heftete die Karte des Gouverneurs an ein blaues Papier, das auf dem Schreibtisch lag, und begann einige Formulare auszufüllen.

»Nun, Miss McGill, nehmen Sie mir nur nicht mehr als einen meiner Häftlinge weg«, sagte er dann, »sonst bin ich bald arbeitslos. Der Wärter wird Sie zu der Zelle führen. Ich sehe jetzt, dass das Ganze ein Missverständnis war. Es tut mir wirklich leid; aber es war nicht unsere Schuld. Würden Sie das dem Gouverneur ausrichten, wenn Sie ihn sehen?«

Ich folgte dem Aufseher über zwei kahle Steintreppen und einen langen, weiß gekalkten Gang, vorbei an langen Reihen schwerer Türen mit kleinen, vergitterten Fenstern. Mir fiel auf, dass jede Tür ein Kombinationsschloss hatte – wie ein Safe. Es war ein grausiger Ort, und mir zitterten die Knie.

Aber schließlich war es doch nicht so erschütternd, wie ich erwartet hatte. Der Gefängnisaufseher blieb schließlich vor einer Tür stehen und drehte die klickende Wählscheibe, während ich, von einer Art

Schwermut befangen, wartete. Ich glaube, ich stellte mich darauf ein, den Professor mit kahl rasiertem Schädel zu erblicken (armes Lamm! Sie hätten nicht viel zu scheren gehabt!) und in einem gestreiften Gefängniskittel mit einer Kugel und einer Kette an seinen Knöcheln.

Langsam öffnete sich die Tür. Ich sah in einen schmalen, sauberen, kleinen Raum mit einem niedrigen Feldbett. Unter dem vergitterten Fenster stand ein mit Papier beladener Tisch. Und davor saß der Professor in seinen eigenen Kleidern, den Rücken zu mir gekehrt, und schrieb und schrieb. Vielleicht dachte er, es wäre nur ein Aufseher mit dem Essen. Seine Feder kratzte auf dem Papier. Ich hätte mir eigentlich denken können, dass aus diesem Menschen niemals irgendwelche heroischen Gesten herauszukriegen waren. Der findet sich in jeder Situation zurecht!

»James, bitte Seezunge mit Zitrone und ein Glas Sherry!«, sagte der Professor über die Schulter, und der Wärter, der anscheinend schon früher mit ihm gescherzt hatte, begann gackernd zu lachen.

»Eine Dame wünscht Eure Lordschaft zu sprechen«, sagte er.

Der Professor drehte sich um. Sein Gesicht wurde ganz weiß. Zum ersten Mal, seit ich ihn kannte, schienen ihm die Worte zu fehlen.

»Miss – Miss McGill«, stotterte er. »*Sie* sind die gute Samariterin? Ich vollbringe die Tat von John

Bunyan, sehen Sie? Ich schreibe im Gefängnis. Ich habe nämlich endlich mein Buch angefangen. Die Burschen hier wissen überhaupt nichts von Literatur. Es gibt in diesem Haus nicht einmal eine Bibliothek!«

Nie im Leben hätte ich der Zärtlichkeit, die sich in meinem Herzen angesammelt hatte, vor diesem Gorilla von einem Gefängniswärter, der hinter uns stand, Ausdruck verleihen können.

Irgendwie kamen wir die Treppe hinunter, nachdem der Professor die einzelnen Blätter seines Manuskripts zusammengesucht hatte. Es hatte bereits beachtliche Ausmaße erreicht. In den sechsunddreißig Stunden, die der Professor im Gefängnis gewesen war, hatte er fünfzig Seiten geschrieben. Im Büro mussten wir einige Papiere unterzeichnen. Der Sheriff war sehr freundlich zu Mifflin, er entschuldigte sich vielmals und bot ihm an, ihn in seinem eigenen Wagen in die Stadt zu bringen. Da sagte ich, dass der Parnassus vor dem Tor wartete. Die Augen des Professors leuchteten auf, als er das hörte, aber dann musste ich ihn doch unterbrechen, als er die Möglichkeit, gute Bücher in Gefängnissen unterzubringen, zu diskutieren begann. Der Sheriff ging mit uns zum Tor und schüttelte uns nochmals die Hände.

Peg wieherte, als er uns kommen sah, und der Professor streichelte seine weichen Nüstern. Bock zog in einem Anfall von Freude jaulend an seiner Kette. Endlich waren wir allein.

FÜNFZEHNTES KAPITEL

Ich weiß eigentlich bis heute nicht, wie es passierte. Anstatt durch Port Vigor zurückzufahren, bogen wir in eine Seitenstraße ein, die erst bergauf und dann durch die Heide führte, über die frische und würzige Seeluft wehte. Der Professor blickte schweigend um sich. Auf der Anhöhe stand eine Gruppe kleiner Birken, und das Sonnenlicht spielte auf ihren seidigen Kätzchen.

»Es ist schön, wieder frei zu sein«, sagte er schließlich. »Der Weise scheint die frische Luft doch nicht so zu lieben, wie er in seinen Büchern behauptet, sonst würde er nicht so schnell einen Mann ins Kittchen werfen lassen. Vielleicht bin ich ihm dafür noch einen Schlag auf die Nase schuldig.«

»Oh, Roger«, sagte ich, und ich fürchte, meine Stimme bebte bei diesen Worten. »Es tut mir leid, es tut mir ja *so* leid!«

Das war nicht sehr vielsagend, nicht wahr? Doch dann, ich weiß nicht, wie es geschah, hielt er mich in seinen Armen.

»Helen«, sagte er. »Willst du mich heiraten? Ich bin nicht reich, aber ich habe genug erspart, dass wir davon leben können. Wir werden immer den

Parnassus haben, und diesen Winter werden wir in Brooklyn wohnen, und ich werde mein Buch schreiben. Und dann werden wir wieder mit Peg umherziehen und die Liebe zu den Büchern und den Menschen predigen. Helen – du bist genau die, die ich brauche – Gott segne dich. Willst du mit mir kommen und mich zum glücklichsten Buchhändler der Welt machen?«

Peg muss sehr erstaunt darüber gewesen sein, dass er so lange ungestört grasen durfte. Aber wir kümmerten uns nicht um die Zeit. Als Roger mir sagte, dass er seit unserem ersten gemeinsam verbrachten Nachmittag entschlossen war, mich früher oder später zu heiraten, war ich die stolzeste Frau von Neuengland. Ich erzählte Roger von dem grässlichen Eisenbahnunglück und all der Angst, die ich um ihn ausgestanden hatte, und Andrew, glaube ich, verdankte es diesem Unfall, dass wir ihm verziehen.

Zu Mittag nahmen wir in den Dünen über der Bucht ein paar Bissen zu uns. Dann fuhren wir weiter und kamen durch eine Abkürzung direkt auf die Straße nach Shelby, ohne Port Vigor berührt zu haben. Und während wir uns angeregt unterhielten, zog Peg uns weiter in Richtung Greenbriar.

Dann fing es leicht zu regnen an, und damit begann vielleicht der schönste Teil unserer Fahrt. Der Professor – wie ich ihn immer noch durch die Macht der Gewohnheit nenne – verhängte den Kutschbock mit einem breiten Stück Wachstuch. Bock sprang herauf und kuschelte sich an die Füße seines Herrn. Roger zog seine Stummelpfeife aus der Tasche, und ich rückte dicht an ihn heran. Es dämmerte. Wir waren ein glückliches Trio, oder ein Quartett, wenn man den kugelrunden, fröhlichen, alten Peg mit einschließt. Der Sommer war vorbei, wir waren nicht mehr jung, und doch lag noch so viel vor uns.

Der Regen klopfte auf unser Dach, und die Räder des Parnassus knarrten gleichmäßig in ihren Achsen. Ich dachte an meine Anthologie von Brotlaiben und schwor mir, noch eine weitere Million zu backen, wenn Roger es so wollte.

Die Abendbrotzeit war schon vorbei, als wir nach Greenbriar kamen. Roger hatte vorgeschlagen, eine Abkürzung zu fahren, damit wir rascher nach Redfield kämen, aber ich bat ihn, den gleichen Weg zu nehmen, den wir gekommen waren, also über Shelby und Greenbriar. Ich sagte ihm allerdings nicht, warum ich das so wollte. Und als wir schließlich vor Kirbys Laden an der Kreuzung haltmachten, regnete es stark, und wir beschlossen, Rast zu machen.

»Nun, Liebling«, sagte Roger, »sollen wir nicht schauen, ob hier noch ein Zimmer frei ist?«

»Ich weiß etwas Besseres«, erwiderte ich. »Wir könnten zu Mr. Kane hinaufgehen und uns trauen lassen. Es bliebe uns dann immer noch Zeit genug, zur Sabine Farm zu fahren und Andrew eine Überraschung zu bereiten.«

»Bei den Gebeinen von Hymen!«, antwortete Roger, »du hast recht!«

Es muss gegen zehn Uhr abends gewesen sein, als wir in das rote Tor der Sabine Farm einbogen. Der Regen hatte aufgehört, aber die Räder quatschten bei jeder Umdrehung durch Lehm und Wasser. Im Wohnzimmer brannte Licht, und durch das Fenster sah ich Andrew, der an seinem Schreibtisch saß. Steif und zerschlagen von der langen Fahrt, kletterten wir aus dem Wagen. Roger, der versuchte, ein ernstes und heiteres Gesicht zugleich zu machen, sah irgendwie komisch aus.

»Na«, flüsterte er, »der Weise wird aber überrascht sein!«

Wir hüpften über Pfützen und klopften schließlich an die Tür. Andrew öffnete. In einer Hand hielt er eine Lampe. Als er uns sah, grunzte er nur.

»Darf ich Ihnen meine Frau vorstellen?«, sagte Roger.

»Da soll mich doch der Teufel holen«, war alles, was Andrew hervorbrachte.

Aber Andrew ist nicht ganz so schwarz, wie ich ihn gemalt habe. Wenn er einen Irrtum erst einmal eingesehen hat, dann ist der Eifer, mit dem er alles wiedergutmachen will, fast rührend. Ich erinnere mich nur noch an eine Bemerkung in der nachfolgenden Unterhaltung, da ich, erschrocken darüber, wie alles auf der Sabine Farm aussah, mich augenblicklich daranmachte, das Haus wieder in Ordnung zu bringen. Die beiden Männer saßen, nachdem der Parnassus in die Scheune und auch die Tiere ins Trockene gebracht worden waren, am Kamin und sprachen alles durch.

»Ich sag dir was«, meinte Andrew, »mach was du willst mit deiner Frau; ich bin ihr nicht gewachsen. Aber würdest du mir vielleicht diesen Parnassus verkaufen?«

»Nie im Leben!«, lachte der Professor.